Stefan Gabor

Standardfälle Strafrecht Allgemeiner Teil

8. Auflage 2022

ISBN 978-3-86724-041-3
8. Auflage 2022

© 2022 niederle media

Bezug möglich direkt vom Verlag
niederle media
48341 Altenberge
Fax (02505) 93 98 99
E-Mail: info@niederle-media.de
www.niederle-media.de

Der Inhalt wurde sorgfältig erstellt, bleibt aber ohne Gewähr für Richtigkeit und Vollständigkeit. Nachdruck sowie Verwendung in anderen Medien oder in Seminaren nur mit schriftlicher Genehmigung des Verlags.

▶ Inhalt

▶ Standardfälle Strafrecht AT

Fall 1: *Mord und Totschlag*   7
- Versuch
- Rücktritt vom Versuch
- Mordmerkmale
- Gefährliche Körperverletzung
- Unterlassene Hilfeleistung

Fall 2: *Mensch ärgere Dich nicht!*   22
- Actio libera in causa
- Notwehrprovokation
- Totschlag
- Beleidigung

Fall 3: *Der „falsche" Mann*   35
- Error in persona
- Anstiftung
- Hausfriedensbruch
- Körperverletzung
- Freiheitsberaubung

Fall 4: *Schock am Abend*   48
- Erlaubnistatbestandsirrtum
- Objektive Zurechnung
- Gefährliche Körperverletzung
- Fahrlässige Körperverletzung
- Fahrlässige Tötung

Fall 5: *Leiden im Krankenhaus* 65
- Mutmaßliche Einwilligung
- Beihilfe
- Tötung auf Verlangen
- Ärztlicher Heileingriff

Fall 6: *Betrunken und verlogen* 78
- Falschaussage
- Strafvereitelung
- Gefährdung des Straßenverkehrs
- Unerlaubtes Entfernen vom Unfallort

Fall 7: *Abgebrannt* 94
- Mittäterschaft
- Brandstiftungsdelikte

▶ Vorwort

Dieses Skript ist gedacht als Einführung in Anfänger-Fälle vor allem aus dem Allgemeinen Teil des StGB, die als „Klassiker" spätestens im Examen sicher beherrscht werden müssen.

Der Name **niederle media** steht für Skripten, die zu einem großen Teil von Autoren mit mehrjähriger Lehr-Erfahrung als Hochschullehrer oder AG-Leiter verfasst wurden und die

- klausurrelevante Themen *kompakt* darstellen,
- meist in 1-2 Tagen und demnach *zeitsparend* durchgearbeitet werden können,
- so *verständlich* sind, dass auch Anfänger damit regelmäßig auf Anhieb klarkommen,
- *Fallbeispiele*, *Übersichten* und *Schemata* enthalten,
- sehr *erschwinglich* sind (ab 7,90 €).

Aufgrund dieser Eigenschaften sind unsere Skripten hervorragend geeignet für den ersten, unkomplizierten Einstieg in die Materie oder für eine schnelle Wiederholung kurz vor der Prüfung. Dafür drücke ich schon jetzt ganz fest die Daumen,

Jan Niederle

▸ Unsere 📖 Skripten 📇 Karteikarten 🎧 Hörbücher

Zivilrecht

- 📖 Standardfälle **Zivilrecht** f. Anfänger (BGB AT+Kaufrecht)
- 📖 🎧 Standardfälle **BGB AT**
- 📖 🎧 Standardfälle **Schuldrecht**
- 📖 🎧 Standardfälle **Ges. Schuldverhältn.**, §§ 677,812,823
- 📖 🎧 Standardfälle **Sachenrecht** (Mobiliar+Immobiliar)
- 📖 🎧 Standardfälle **Familien- und Erbrecht**
- 📖 🎧 Basiswissen **BGB AT** (Frage-Antwort)
- 📖 🎧 Basiswissen **Schuldrecht AT** (Frage-Antwort)
- 📖 🎧 Basiswissen **Schuldrecht BT** (Frage-Antwort)
- 📖 🎧 Basiswissen **Sachenrecht** (Frage-Antwort)
- 🎧 Basiswissen **Familienrecht** (Frage-Antwort)
- 🎧 Basiswissen **Erbrecht** (Frage-Antwort)
- 📖 Einführung in das **Bürgerliche Recht** (für Anfänger)
- 📖 Studienbuch **BGB AT**
- 📖 Studienbuch **Schuldrecht AT**
- 📖 Einführung **Schuldrecht BT 1** – §§ 437, 536, 634, 670 ff.
- 📖 Einführung **Schuldrecht BT 2** - §§ 812, 823, 765 ff.
- 📖 Einführung **Sachenrecht 1** – Mobiliarsachenrecht
- 📖 Einführung **Sachenrecht 2** – Immobiliarsachenrecht
- 📖 Einführung **Familienrecht**
- 📖 Einführung **Erbrecht**
- 📖 🎧 **Definitionen** für die Zivilrechtsklausur

Strafrecht

- 📖 Standardfälle **Band 1:** für Anfänger
- 📖 Standardfälle **Band 2:** für Fortgeschrittene
- 📖 🎧 Standardfälle **Strafrecht AT** (für Anfänger)
- 📖 🎧 Basiswissen **Strafrecht AT** (Frage-Antwort)
- 📖 🎧 Basiswissen **Strafrecht BT 1** (Frage-Antwort)
- 📖 🎧 Basiswissen **Strafrecht BT 2** (Frage-Antwort)
- 📖 Einführung **Strafrecht AT**
- 📖 Einführung **Strafrecht BT 1** – Vermögensdelikte
- 📖 Einführung **Strafrecht BT 2** – Nichtvermögensdelikte
- 📖 🎧 **Definitionen** für die Strafrechtsklausur

Öffentliches Recht

- 📖 Standardfälle **Staatsrecht 1** – Staatsorganisationsrecht
- 📖 Standardfälle **Staatsrecht 2** – Grundrechte
- 📖 🎧 Standardfälle f. **Anfänger** (StaatsorgaR u. GrundR)
- 📖 Standardfälle **Verwaltungsrecht AT**
- 📖 Standardfälle **Polizei- und Ordnungsrecht**
- 📖 Standardfälle **Baurecht**
- 📖 Standardfälle **Europarecht**
- 📖 Standardfälle **Kommunalrecht**
- 📖 🎧 Basiswissen **StaatsR 1** – StaatsorgaR (Frage-Antwort)
- 📖 🎧 Basiswissen **StaatsR 2** – Grundrechte (Frage-Antwort)
- 📖 Basiswissen **Verwaltungsrecht AT** (Frage-Antwort)
- 📖 Studienbuch **Staatsorganisationsrecht**
- 📖 Studienbuch **Grundrechte**
- 📖 Studienbuch **Verwaltungsrecht AT**
- 📖 Studienbuch **Europarecht**
- 🎧 Hörbuch Basiswissen **Europarecht**
- 📖 Studienbuch **Staatshaftungsrecht**
- 📖 **Verwaltungsrecht AT 1** – VwVfG
- 📖 **Verwaltungsrecht AT 2** – VwGO
- 📖 **Verwaltungsrecht BT 1** – Polizei und Ordnungsrecht
- 📖 **Verwaltungsrecht BT 2** – Baurecht
- 📖 **Verwaltungsrecht BT 3** – Umweltrecht
- 📖 🎧 **Definitionen** Öffentliches Recht

Sozialrecht

- 📖 Einführung **Sozialrecht**

Nebengebiete

- 📖 Standardfälle **ZPO**
- 📖 🎧 Standardfälle **Handels- & Gesellschaftsrecht**
- 📖 🎧 Standardfälle **Arbeitsrecht**
- 📖 🎧 Basiswissen **Handelsrecht** (Frage-Antwort)
- 📖 🎧 Basiswissen **Gesellschaftsrecht** (Frage-Antwort)
- 📖 🎧 Basiswissen **StPO** (Frage-Antwort)
- 📖 🎧 Basiswissen **ZPO** (Frage-Antwort)
- 📖 Einführung **Handelsrecht**
- 📖 Einführung **Gesellschaftsrecht**
- 📖 Einführung **Arbeitsrecht**
- 📖 Einführung **Kollektives Arbeitsrecht**
- 📖 Einführung **ZPO I** - Erkenntnisverfahren
- 📖 Einführung **ZPO II** - Zwangsvollstreckung
- 📖 Einführung **StPO** - Strafprozessordnung
- 📖 Einführung **IPR** - Internationales Privatrecht
- 📖 Standardfälle **IPR** - Internationales Privatrecht
- 📖 Einführung **Insolvenzrecht**
- 📖 **Gewerblicher Rechtsschutz & Urheberrecht**
- 📖 Einführung **Wettbewerbsrecht**
- 📖 Einführung **Sportrecht**

Karteikarten

- 📇 **Grundlagen des Zivilrechts**
- 📇 **BGB Allgemeiner Teil**
- 📇 **Schuldrecht BT** (§§ 433, 535, 631, 812, 823)
- 📇 **Schemata Zivilrecht** (AT, SchuldR, SachR, FamR)
- 📇 **Strafrecht AT**
- 📇 **Strafrecht BT 1**
- 📇 **Strafrecht BT 2**
- 📇 **Streitfragen Strafrecht**
- 📇 **Staatsorganisationsrecht**
- 📇 **Grundrechte**
- 📇 **Verwaltungsrecht AT**
- 📇 **Schemata Öffentliches Recht**

Die wichtigsten Schemata

- 📖 **Band 1:** Zivilrecht, Strafrecht, Öffentliches Recht
- 📖 **Band 2:** Arbeitsrecht, Handelsrecht, Gesellschaftsrecht, StPO, ZPO

Ratgeber Jurastudium

- 📖 Ratgeber **500 Spezial-Tipps für Juristen** - Wie man geschickt durchs Studium und das Examen kommt

BWL

- 📖 Einführung in die **Betriebswirtschaftslehre**
- 📖 **Organisationsgestaltung & -entwicklung**
- 📖 Fallstudien Organisationsgestaltung & -entwicklung
- 📖 **Internationales Management**
- 📖 Wie gelingt meine wiss. **Abschlussarbeit?**
- 📖 **Medienwirtschaft für Mediengestalter**

Assessorexamen

- 📖 Der **Aktenvortrag im Strafrecht**
- 📖 Der **Aktenvortrag im Zivilrecht**
- 📖 **Staatsanwalt.** Sitzungsdienst & Plädoyer

Irrtümer und Änderungen vorbehalten.

🎧 bedeutet: auch als **Hörbuch** lieferbar!

Bei **niederle-media.de** bestellte Bücher treffen idR *nach 1-2 Werktagen* ein!

Fall 1: Mord und Totschlag

▸ **Standort:** AT: Versuch, Rücktritt vom Versuch;
BT: Mordmerkmale, gef. Körperverletzung

Der überaus aggressive A ist mal wieder mächtig sauer. An der Kasse im Supermarkt hatte sich der Jugendliche J vorgedrängelt. „Das macht der nicht noch einmal", denkt sich A und folgt dem J unbemerkt bis in eine Seitenstraße, um ihn dort ungestört anzugreifen. Er zieht seinen Revolver und feuert von hinten ohne Vorwarnung sechs Schüsse auf den Oberkörper des J ab. Allerdings ist A alles andere als ein Meisterschütze. Vier der sechs abgefeuerten Schüsse verfehlen ihr Ziel, die anderen beiden Schüsse treffen J in Arm und Schulter. Er geht blutend zu Boden.

Da A davon ausgeht, dass die Verletzungen zum Tod des J führen werden, verzichtet er auf weitere Schüsse, obwohl er problemlos hätte nachladen können. „Das hat er jetzt davon", murmelt A und geht zufrieden nach Hause.

J liegt noch immer auf der Straße, als nach etwa drei Minuten der Passant P vorbeikommt. Er sieht den blutenden J und erkennt, dass dieser Hilfe braucht. Da P jedoch noch zu einem Geschäftsessen muss und sowieso schon spät dran ist, kümmert er sich nicht weiter um den Verletzten.

J wird schließlich kurze Zeit später von einem Spaziergänger entdeckt, der sofort den Notarzt alarmiert. Er wird gerettet und behält von den Schussverletzungen keine Schäden zurück. Der Arzt stellt auch fest, dass trotz des nicht unbeträchtlichen Blutverlustes zu keinem Zeitpunkt eine konkrete Lebensgefahr für J bestand.

Wie haben sich A und P nach dem StGB strafbar gemacht?

A. Strafbarkeit des A
I. §§ 212, 211, 22, 23 I, 12 I StGB
1. Tatentschluss hinsichtlich heimtückischer Tötung aus niederen Beweggründen
2. Unmittelbares Ansetzen
3. Rechtswidrigkeit
4. Schuld
5. kein Rücktritt vom beendeten Versuch, da keine aktive Verhinderung des Erfolgseintritts
6. Ergebnis: A strafbar nach §§ 212, 211, 22, 23 I, 12 I StGB

II. §§ 223, 224 I, Nr. 2, 3, 5 StGB
1. Objektiver. Tatbestand
   a.) Körperliche Misshandlung und Gesundheitsschädigung
   b.) Qualifikation nach § 224 I StGB
   Pistole als Waffe (Nr. 2), Begehung mittels einer lebensgefährdenden Behandlung (Nr. 5), jedoch kein hinterlistiger Überfall (Nr. 3)
2. Subjektiver Tatbestand: Vorsatz
3. Rechtswidrigkeit
4. Schuld
5. Ergebnis: A strafbar nach §§ 223, 224 I, Nr. 2, 5 StGB

III. § 303 StGB
Sachbeschädigung an der Kleidung des J, gemäß § 303 c StGB Strafantrag erforderlich (oder bes. öffentl. Interesse)

IV. Konkurrenzen
Tateinheit nach § 52 StGB

B. Strafbarkeit des P
I. §§ 223, 13
Strafbarkeit scheitert an fehlender Garantenstellung

II. § 221 I, Nr. 2
keine Strafbarkeit, da J nicht in der Obhut des P stand

III. § 323 c StGB
1. Objektiver Tatbestand: unterlassene Hilfeleistung bei einem Unglücksfall trotz Möglichkeit zur Hilfeleistung
2. Subjektiver Tatbestand: Vorsatz
3. Rechtswidrigkeit
4. Schuld: Zumutbarkeit der Hilfeleistung
5. Ergebnis: P strafbar nach § 323 c StGB

C. Endergebnis
A ist strafbar nach §§ 212, 211, 2. Gruppe., 1. Var., 1. Gruppe., 4. Var., 22, 23 I, 12 I; 223, 224 I, Nr.2, 5; 303; 52 StGB.
P ist strafbar nach § 323 c StGB.

A. Strafbarkeit des A

I. §§ 212, 211, 22, 23 I, 12 I StGB

A könnte sich durch Abgabe der sechs Schüsse auf J wegen versuchten Mordes gemäß §§ 212, 211 II, 2. Gruppe, 1. Var., 1. Gruppe., 4. Var., 22, 23 I, 12 I StGB strafbar gemacht haben. Die Tat ist nicht vollendet, da J überlebt hat. Die Strafbarkeit des Versuchs ergibt sich aus §§ 212, 211, 23 I, 12 I StGB.

1.Tatentschluss

A müsste den **Tatentschluss** gefasst haben, den J zu töten. Der Tatentschluss entspricht dem subjektiven Tatbestand beim vollendeten Delikt.[1] Folglich müsste A bei Abgabe der Schüsse mit Tötungsvorsatz gehandelt haben. Vorsatz bezeichnet den Willen zur Verwirklichung eines gesetzlichen Tatbestandes in Kenntnis aller seiner Umstände.[2] Hier feuerte A sechs Schüsse aus einem Revolver auf den Oberkörper des J ab. Aufgrund der Gefährlichkeit dieses Verhaltens ist davon auszugehen, dass A wusste, dass J hierdurch sterben könnte. Da er trotz dieser tödlichen Gefahr geschossen hat, ist anzunehmen, dass er den Tod des J billigend in Kauf genommen hat. A handelte folglich mit Tötungsvorsatz und hat somit den Tatentschluss zur Begehung eines Totschlags gemäß § 212 StGB gefasst.

---

[1] Otto, § 16, Rn.16.
[2] Baumann/Weber/Mitsch/Eisele, § 11, Rn.8.

Weiterhin könnte sein Entschluss darauf gerichtet gewesen sein, die Tat gemäß § 211 II, 2. Gruppe, 1. Var. StGB **heimtückisch** zu begehen. Heimtückisch handelt nach überwiegender Ansicht, wer die Arg- und Wehrlosigkeit seines Opfers in feindseliger Willensrichtung bewusst zur Begehung der Tat ausnutzt.[3] **Arglos** ist, wer sich zur Zeit der Tatbegehung eines Angriffs auf sein Leben nicht versieht.[4]

A folgte dem J unbemerkt um ihn dann von hinten anzugreifen. A ging hierbei davon aus, dass J nicht mit einem Angriff auf sein Leben rechnen und somit arglos sein würde. Weiterhin müsste A auch von der Wehrlosigkeit des J ausgegangen sein. **Wehrlos** ist, wer infolge der Arglosigkeit in seiner Abwehrbereitschaft zumindest stark eingeschränkt ist.[5] Da J nichts von dem bevorstehenden Angriff des A ahnte, war für A auch klar, dass J infolgedessen keinerlei Möglichkeit haben würde, der Attacke auszuweichen oder sich aktiv zur Wehr zu setzen. A rechnete demzufolge damit, dass J infolge der Arglosigkeit in seiner Abwehrbereitschaft verhindert und demnach wehrlos sein würde.

A müsste außerdem den Entschluss gefasst haben, die Arg- und Wehrlosigkeit seines Opfers zur Begehung der Tat auszunutzen. A wollte es sich bei Abgabe der Schüsse zu Nutze machen, dass J den Angriff nicht vorhersehen und sich daher auch nicht wehren konnte. Er wollte somit die Arg- und Wehrlosigkeit seines Opfers zur Begehung der Tat ausnutzen.

Ferner müsste der Entschluss des A auf eine Tötung **in feindlicher Willensrichtung** gerichtet gewesen sein. Daran fehlt es, wenn der Täter meint, zum Besten des Opfers zu handeln und dieses aus Mitleid tötet.[6] Da A den J jedoch

---

[3] Rengier, BT II, § 4, Rn.23.
[4] BGHSt 32, 382 (384), Urteil vom 4.7.1984.
[5] Küper/Zopfs, BT, Rn.327.
[6] Haft, BT II, S.112.

offensichtlich nicht aus Mitleid töten wollte, käme man nach dieser Ansicht zu dem Ergebnis, dass der Entschluss des A auf eine heimtückische Begehung der Tat gerichtet war.

Teile der Literatur verlangen zur Einschränkung des Merkmals der Heimtücke außerdem, dass der Täter durch die Tötung einen besonders **verwerflichen Vertrauensbruch** begeht.[7] Da A und J sich nicht kannten, fehlt es zwischen den Beiden an einem Vertrauensverhältnis. Demnach hätte A durch die Tötung auch keinen verwerflichen Vertrauensbruch begehen können. Nach dieser Auffassung wäre der Entschluss des A folglich nicht auf eine heimtückische Tötung gerichtet gewesen.

Da die beiden Auffassungen vorliegend zu verschiedenen Ergebnissen kommen, ist eine Entscheidung der Meinungsstreitigkeit erforderlich. Dabei lässt sich für die Ansicht der Literatur anführen, dass durch die Forderung nach einem verwerflichen Vertrauensbruch das Mordmerkmal der Heimtücke effektiv eingeschränkt wird. Für eine solche Einschränkung könnte auch die vom Bundesverfassungsgericht geforderte restriktive Auslegung der Mordmerkmale sprechen.

Andererseits ist jedoch zu berücksichtigen, dass so sämtliche Tötungen von Personen, die dem Täter fremd sind, nicht das Mordmerkmal der Heimtücke erfüllen. Dies führt zu fragwürdigen Ergebnissen, wenn man bedenkt, dass hierdurch auch terroristische Anschläge oder Attentate ausscheiden, wo die Ausnutzung der Arg- und Wehrlosigkeit der Opfer häufig eine besonders wichtige Rolle bei der Begehung der Tat spielt. Außerdem besteht die erhöhte Gefährdung eines arg- und wehrlosen Opfers unabhängig davon, ob zwischen Täter und Opfer ein Vertrauensverhältnis gegeben ist oder nicht. Daher ist nicht einzusehen, dass einem Opfer, das dem Täter unbekannt ist, ein geringerer strafrechtlicher Schutz zukommen soll.

---

[7] Schönke/Schröder, § 211, Rn.26.

Das zusätzliche Erfordernis eines verwerflichen Vertrauensbruchs ist somit abzulehnen. Somit war der Entschluss des A auf eine heimtückische Tötung des J nach §§ 212, 211 II, 2. Gruppe, 1. Var. StGB gerichtet.

Schließlich könnte der von A gefasste Entschluss zur Tötung des J gemäß § 211 II, 1.Gruppe, 4. Var. StGB auf **niederen Beweggründen** beruhen. Niedere Beweggründe liegen vor, wenn die Motive, die den Täter zur Tat veranlasst haben nach allgemeiner Wertung auf sittlich niedrigster Stufe stehen und deshalb besonders verachtenswert sind.[8] A wollte den J töten, weil dieser sich an der Kasse im Supermarkt vorgedrängelt hatte. Es ist als besonders verachtenswert anzusehen, einen anderen Menschen aufgrund eines solch' nichtigen Anlasses töten zu wollen. Daher beruhte der von A gefasste Entschluss zur Tötung des J auf niederen Beweggründen i. S. d. §§ 212, 211 II, 1. Gruppe, 4. Var. StGB.

A hatte somit Tatentschluss hinsichtlich der Begehung eines heimtückischen Mordes aus niederen Beweggründen gemäß §§ 212, 211 II, 2. Gruppe, 1. Var., 1. Gruppe, 4. Var. StGB.

2. Unmittelbares Ansetzen

Zu dieser Tat müsste A auch unmittelbar angesetzt haben. Ein **unmittelbares Ansetzen** liegt vor, wenn nach Vorstellung des Täters seine Handlung der Verwirklichung der Tat unmittelbar vorgelagert ist und keine weiteren Zwischenakte erforderlich sind, um die Tat zu begehen.[9] Hier hatte A bereits mehrfach auf J geschossen und dadurch zur Tötung unmittelbar angesetzt.

3. Rechtswidrigkeit

Das Verhalten des A müsste auch **rechtswidrig** sein. Hier sind keine Rechtfertigungsgründe ersichtlich. Folglich handelte A rechtswidrig.

---

[8] Rengier, BT II, § 4, Rn.16.
[9] Haft, AT, S.231.

4. Schuld

Auch an der **Schuld** des A bestehen hier keine Zweifel.

5. Rücktritt

Jedoch könnte A nach § 24 I StGB strafbefreiend zurückgetreten sein, indem er von weiteren Schüssen auf sein Opfer J absah. Ein **Rücktritt** kommt jedoch nur in Betracht, wenn der Versuch nicht fehlgeschlagen ist. Ein **Fehlschlag** liegt vor, wenn der Täter meint, die Tat mit den ihm augenblicklich zur Verfügung stehenden Mitteln nicht mehr verwirklichen zu können.[10] Hier ging A jedoch davon aus, dass er durchaus noch hätte nachladen können, um sein verletztes Opfer zu erschießen. Demnach liegt kein Fehlschlag vor.

Fraglich ist jedoch, ob es genügt, dass A von weiteren Schüssen abgesehen hat. Ein solches Verhalten wäre nur ausreichend, wenn es sich um einen unbeendeten Versuch gehandelt hätte. Bei einem beendeten Versuch hätte A die Vollendung verhindern müssen. Ein **unbeendeter Versuch** liegt vor, wenn der Täter meint, noch nicht alles zur Tatvollendung erforderliche getan zu haben.[11]

Demgegenüber ist der Versuch beendet, wenn der Täter meint, sein bisheriges Verhalten würde bereits zur Vollendung der Tat führen.[12] Hier nahm A an, dass J an seinen Schussverletzungen sterben würde. Er ging somit davon aus, bereits alles zur Vollendung der Tat erforderliche getan zu haben, so dass hier ein beendeter Versuch vorliegt. Somit hätte A, um zurückzutreten, die Vollendung der Tat aktiv verhindern müssen bzw. sich zumindest um Verhinderung der Vollendung bemühen müssen. Dies hat er jedoch nicht getan, da er sich ohne weitere Handlungen vom Tatort

---

[10] Otto, § 19, Rn.10.
[11] Haft, AT, S. 245.
[12] Haft, AT, S. 245.

entfernt hat. Somit ist A nicht nach § 24 I StGB zurückgetreten.

6. Ergebnis

A hat sich wegen versuchten heimtückischen Mordes aus niederen Beweggründen gemäß §§ 212, 211 II, 2. Gruppe, 1. Var., 1. Gruppe, 4. Var. StGB strafbar gemacht.

II. §§ 223, 224 I, Nr. 2, 3, 5 StGB

Weiterhin könnte A durch die Abgabe der Schüsse auf J eine gefährliche Körperverletzung gemäß §§ 223, 224 I, Nr.2, 3, 5 StGB begangen haben.

1. Objektiver Tatbestand

a. Körperverletzung, § 223 StGB

A müsste zunächst den objektiven Tatbestand einer Körperverletzung nach § 223 StGB verwirklicht, d. h. einen anderen Menschen körperlich misshandelt oder an der Gesundheit geschädigt haben. Eine **körperliche Misshandlung** ist eine üble unangemessene Behandlung, die das körperliche Wohlbefinden oder die körperliche Unversehrtheit nicht nur unerheblich beeinträchtigt.[13] Eine **Gesundheitsschädigung** ist das Hervorrufen oder Steigern eines krankhaften Zustands.[14]

Hier wurde J durch die Schüsse des A am Arm und an der Schulter verletzt. Eine solche Schussverletzung stellt sowohl eine erhebliche Beeinträchtigung des körperlichen Wohlbefindens, als auch einen krankhaften Zustand dar, so dass beide Varianten des § 223 StGB vorliegen. Der Körperverletzungserfolg müsste außerdem kausal durch die Handlung des A hervorgerufen worden sein.

---

[13] Haft, BT II, S.145.
[14] Haft, BT II, S.145.

Kausal ist jede Handlung, die nicht hinweggedacht werden kann, ohne dass der konkrete Erfolg entfiele.[15] Hätte A nicht auf J geschossen, so hätte dieser nicht die Verletzungen an Arm und Schulter erlitten. Das Verhalten des A war somit kausal für den Erfolgseintritt.

Weiterhin müsste der Erfolg dem A auch objektiv zurechenbar sein. **Objektive Zurechenbarkeit** liegt vor, wenn der Täter durch sein Verhalten eine tatbestandsrelevante Gefahr geschaffen hat, die sich auch im Erfolg realisiert hat.[16] Indem A auf J geschossen hat, hat er eine Gefahr für dessen körperliche Integrität geschaffen. Genau diese Gefahr hat sich in den eingetretenen Schussverletzungen auch realisiert. Der Körperverletzungserfolg ist A folglich objektiv zuzurechnen. Somit hat A den objektiven Tatbestand einer Körperverletzung nach § 223 StGB erfüllt.

b. Qualifikation nach § 224 I, Nr. 2, 3, 5 StGB

Außerdem könnten qualifizierende Merkmale gemäß § 224 I StGB vorliegen. Hier kommt zunächst die Begehung der Tat mittels einer **Waffe** i. S. d. § 224 I, Nr.2 StGB in Betracht. Erfasst werden von diesem Waffenbegriff nur die Waffen im technischen Sinne,[17] d. h. solche Gegenstände, die nach ihrer Natur - und nach der konkreten Verwendung[18] - dazu bestimmt sind, Verletzungen hervorzurufen.[19] A hat im vorliegenden Fall mit einer Pistole auf den Oberkörper des J geschossen. Bei einer Pistole handelt es sich um einen Gegenstand, der dazu bestimmt ist, durch Abfeuern eines Projektils erhebliche Körperverletzungen hervorzurufen. Die Pistole stellt somit eine Waffe dar. A hat demnach die Körperverletzung an J mittels einer Waffe begangen und dadurch den objektiven Tatbestand des § 224 I, Nr.2 StGB erfüllt.

---

[15] Haft, AT, S.51.
[16] Haft, AT, S.55.
[17] BGH StV 2002, 21 (22), Urteil vom 27.9.2001.
[18] Gössel/Dölling, § 13, Rn.39.
[19] Rengier, BT II, § 14, Rn.43.

Weiterhin könnte er die Körperverletzung mittels eines **hinterlistigen Überfalls** i. S. d. § 224 I, Nr.3 StGB begangen haben. Unter einem Überfall versteht man einen überraschenden oder unerwarteten Angriff.[20] Hinterlistig ist ein Überfall, wenn der Täter seine wahren Absichten planmäßig verdeckt und dem Opfer dadurch die Verteidigung erschwert.[21] A spiegelt hier gegenüber seinem Opfer jedoch keine falschen Absichten vor. Bloßes Verfolgen und ein Angriff von hinten reicht für einen hinterlistigen Überfall nicht aus.[22] Demnach ist die Qualifikation nach § 224 I, Nr.3 StGB nicht erfüllt.

Schließlich könnte eine **lebensgefährdende Behandlung** im Sinne des § 224 I, Nr. 5 StGB vorliegen. Hierbei ist umstritten, welche Anforderungen an das Merkmal der lebensgefährdenden zu stellen sind. Nach einer Auffassung genügt es, wenn die Handlung *abstrakt* betrachtet als lebensgefährdend anzusehen ist.[23] Nach dieser Ansicht wäre hier vom Vorliegen einer lebensgefährdenden Behandlung auszugehen, da das Abfeuern von sechs Schüssen auf den Oberkörper eines anderen Menschen im allgemeinen durchaus dazu geeignet ist, lebensgefährliche Verletzungen hervorzurufen. Eine andere Auffassung verlangt demgegenüber, dass beim Opfer eine konkrete Lebensgefahr bestanden haben muss.[24] Daran fehlt es hier bei J, so dass nach dieser Ansicht § 224 I, Nr.5 StGB nicht erfüllt wäre. Da die beiden Auffassungen im vorliegenden Fall zu unterschiedlichen Ergebnissen führen, ist der Meinungsstreit zu entscheiden. Für das Erfordernis einer konkreten Lebensgefahr spricht, dass die Qualifikationen des § 224 StGB dem Schutz des Opfers dienen und dass ein erhöhtes Schutzbedürfnis insbesondere dann besteht, wenn das Opfer einer konkreten Gefahr ausgesetzt ist.

---

[20] Rengier, BT II, § 14, Rn.44.
[21] Haft, BT II, S.148.
[22] Gössel/Dölling, § 13, Rn.41.
[23] Haft, BT II, S.149.
[24] Stree, in: Jura 1981, 281 (292).

Dem ist allerdings entgegenzuhalten, dass der Eintritt oder das Ausbleiben der konkreten Gefahr nichts an der Verwerflichkeit der Verletzungshandlung an sich ändert. Vor allem ist jedoch zu berücksichtigen, dass nach der Auffassung, die eine konkrete Gefährdung verlangt, jede gefährliche Körperverletzung in der Variante der lebensgefährdenden Behandlung gleichzeitig auch eine versuchte Tötung darstellen würde, da der Vorsatz des Täters auch die konkrete Gefahr des Todes umfassen müsste, so dass dann ein Tötungsvorsatz vorläge. § 224 I, Nr.5 StGB fände dann keinen eigenen Anwendungsbereich mehr, was vom Gesetzgeber wohl kaum gewollt war. Aus diesem Grund ist mit der ersten Ansicht davon auszugehen, dass eine abstrakte Lebensgefahr für das Vorliegen einer lebensgefährdenden Behandlung ausreicht. Somit hat A die Qualifikation nach § 224 I, Nr.5 StGB durch die Schüsse auf J objektiv verwirklicht.

2. Subjektiver Tatbestand

A müsste außerdem mit **Vorsatz** gehandelt haben. A hatte vor, den J durch die Schüsse aus seinem Revolver zu töten. Im Tötungsvorsatz ist grundsätzlich auch der Körperverletzungsvorsatz enthalten.[25] Folglich handelte A mit Körperverletzungsvorsatz. Er wollte die Tat mit einer Waffe begehen und war sich über die Lebensgefährlichkeit seines Verhaltens im Klaren. Somit hat A den subjektiven Tatbestand einer gefährlichen Körperverletzung nach §§ 223, 224 I, Nr.2, 5 StGB verwirklicht.

3. Rechtswidrigkeit

Rechtfertigungsgründe liegen nicht vor. A handelte somit **rechtswidrig**.

4. Schuld

Außerdem handelte er auch **schuldhaft**.

---

[25] Gössel/Dölling, § 12, Rn.128.

5. Ergebnis

A hat sich daher durch die Abgabe der Schüsse, die J an Arm und Schulter verletzt haben, wegen gefährlicher Körperverletzung gemäß §§ 223, 224 I, Nr.2, 5 StGB strafbar gemacht.

III. § 303 StGB

Außerdem ist davon auszugehen, dass bei Schussverletzungen in Arm und Schulter auch Kleidungsstücke des J beschädigt wurden, so dass der objektive Tatbestand einer **Sachbeschädigung** nach § 303 StGB vorliegt. A handelte diesbezüglich auch mit Vorsatz, selbst wenn er sich möglicherweise keine konkreten Gedanken um die Kleidung des J machte. Für den Vorsatz ist nämlich ein Mitbewusstsein ausreichend, dass auch vorliegen kann, ohne dass es zu einem bewussten Denkvorgang kommt.[26] A handelte außerdem rechtswidrig und schuldhaft und hat sich somit wegen Sachbeschädigung gemäß § 303 StGB strafbar gemacht. Nach § 303 c StGB ist zur Verfolgung der Tat ein **Strafantrag** erforderlich, soweit kein besonderes öffentliches Interesse an der Strafverfolgung vorliegt.

IV. Konkurrenzen

Fraglich ist, in welchem Konkurrenzverhältnis die verwirklichten Delikte stehen. Nach einer vorwiegend früher vertretenen Ansicht tritt die vollendete Körperverletzung hinter der versuchten Tötung zurück.[27] Demgegenüber geht die Gegenauffassung von Idealkonkurrenz aus.[28] Für letztere Ansicht spricht, dass nur so das gesamte Unrecht der Tat erfasst wird, da es durchaus einen Unterschied macht, ob eine versuchte Tötung vollends ihr Ziel verfehlt oder ob beim Opfer - möglicherweise erhebliche - Verletzungen eintreten.

---

[26] Baumann/Weber/Mitsch/Eisele, § 11, Rn.18.
[27] BGHSt 16, 122, Urteil vom 28.6.1961.
[28] Haft, BT II, S.147.

Aufgrund dieser Klarstellungsfunktion ist der zweiten Ansicht zu folgen. Der versuchte Mord nach §§ 212, 211 II, 2. Gruppe, 1. Var., 1. Gruppe, 4. Var. StGB steht somit zu der gefährlichen Körperverletzung nach §§ 223, 224 I, Nr.2, 5 StGB gemäß § 52 StGB in Tateinheit. Auch mit der Sachbeschädigung nach § 303 StGB besteht Tateinheit nach § 52 StGB.

B. Strafbarkeit des P

I. §§ 223, 13 StGB

P könnte sich wegen Körperverletzung durch Unterlassen gemäß §§ 223, 13 StGB strafbar gemacht haben, indem er den verletzten J auf der Straße liegen ließ, ohne ihm zu helfen. Eine Strafbarkeit wegen eines solchen unechten Unterlassungsdelikts kommt gemäß § 13 StGB jedoch nur in Betracht, wenn der Täter rechtlich dafür einzustehen hat, dass der Erfolg nicht eintritt. Dies ist nur der Fall, wenn ihm eine Garantenstellung obliegt. Hier ergeben sich aus dem Sachverhalt **keine** Hinweise auf eine **Garantenstellung** des P gegenüber J. Demnach hat sich P nicht wegen Körperverletzung durch Unterlassen gemäß §§ 223, 13 StGB strafbar gemacht.

II. § 221 I Nr.2 StGB

Weiterhin scheidet auch eine Strafbarkeit gemäß § 221 I, Nr.2 StGB aus, da P den J nicht in seiner Obhut hatte und ihm auch sonst nicht zum Beistand verpflichtet ist.

III. § 323 c StGB

Allerdings könnte P eine unterlassene Hilfeleistung nach § 323 c StGB begangen haben, indem er den verletzten J liegengelassen hat, ohne Hilfe zu leisten.

1. Objektiver Tatbestand

Zunächst müsste ein **Unglücksfall** vorgelegen haben. Ein Unglück ist ein plötzlich eintretendes Ereignis, das eine nicht unerhebliche Gefahr für Menschen mit sich bringt.[29] Hier wurde J angeschossen und lag verletzt auf dem Boden, wobei er in nicht unerheblichem Maße Blut verlor. Insofern bestand für ihn die Gefahr, dass sich sein Gesundheitszustand weiter verschlechtern würde. Es lag demnach ein Unglücksfall vor. Außerdem müsste eine Hilfeleistung in der Situation erforderlich gewesen sein. **Erforderlich** ist die Hilfeleistung, die geeignet und notwendig ist, um einen drohenden Schaden abzuwenden.[30] J lag verletzt auf der Straße, so dass - neben der zu erwartenden Verschlechterung des Gesundheitszustandes aufgrund des Blutverlustes - die Gefahr bestand, dass er von einem Auto angefahren werden könnte. J konnte sich auch offensichtlich nicht selbst helfen. Somit war eine Hilfeleistung durch P erforderlich. Diese erforderliche Hilfeleistung müsste P **unterlassen** haben. P ging einfach weiter, ohne irgendetwas zu unternehmen. Demnach hat er die Hilfeleistung unterlassen. Schließlich müsste P überhaupt die **Möglichkeit** gehabt haben, Hilfe zu leisten. Es ist hier nicht ersichtlich, dass es P nicht möglich gewesen wäre, erste Hilfe zu leisten. Zumindest hätte P den Notarzt anrufen können. Dies hat er jedoch nicht getan, so dass der objektive Tatbestand des § 323 c StGB erfüllt ist.

2. Subjektiver Tatbestand

P müsste mit **Vorsatz** gehandelt haben. P sah den J verletzt am Boden liegen und erkannte auch, dass dieser Hilfe brauchte. Dennoch entschied er sich, weiterzugehen, ohne Hilfe zu holen, wobei davon auszugehen ist, dass ihm bewusst war, dass er hätte Hilfe holen können. Er handelte somit vorsätzlich.

---

[29] Haft, BT II, S.257.
[30] Gössel/Dölling, § 56, Rn.6.

3. Rechtswidrigkeit

Rechtfertigungsgründe sind hier nicht ersichtlich. Somit handelte P **rechtswidrig**.

4. Schuld

Schließlich müsste P auch **schuldhaft** gehandelt haben. Insbesondere müsste es für ihn **zumutbar** gewesen sein, Hilfe zu leisten. Trotz des anstehenden Geschäftsessens war es für P ohne Frage zumutbar, dem J zu helfen oder aber zumindest den Notarzt zu verständigen. Die Gesundheit eines anderen Menschen wiegt wesentlich schwerer als eine Verspätung bei einem geschäftlichen Treffen. Auch sonst bestehen keine Anhaltspunkte für einen Ausschluss der Schuld. Demnach handelte P schuldhaft.

5. Ergebnis

Somit hat sich P durch das Liegenlassen des Verletzten J nach § 323 c StGB strafbar gemacht.

C. Endergebnis

A ist gemäß §§ 212, 211 I, 2. Gruppe, 1. Var., 1. Gruppe, 4. Var., 22, 23 I, 12 I; 223, 224 I, Nr. 2, 5; 303; 52 StGB strafbar wegen versuchten heimtückischen Mordes aus niederen Beweggründen in Tateinheit mit gefährlicher Körperverletzung und Sachbeschädigung. P ist nach § 323 c StGB wegen unterlassener Hilfeleistung strafbar.

Fall 2: Mensch ärgere dich nicht!

▶ **Standort:** AT: ‚actio libera in causa', Notwehrprovokation; BT: Totschlag, Beleidigung

A beschließt, den C zu töten. Da er jedoch noch Skrupel hat, entschließt er sich, vor Begehung der Tat Alkohol zu trinken, um seine Zweifel zu überwinden. So setzt sich A eines Abends vor den Fernseher und leert knapp zwei Flaschen Wodka, ehe er - enthemmt vom Alkohol - C vor dessen Wohnung auflauert und ihn mit einem Schuss aus seiner Pistole tötet. Zum Zeitpunkt der Tat hatte A einen Blutalkoholwert von 3,6 Promille. Eine Woche nach dieser Tat entschließt sich A, nun auch den B aus dem Weg zu räumen. Diesmal will A an der Bushaltestelle auf sein Opfer warten, bis dieser aus seiner Stammkneipe kommt. Nach einiger Zeit verlässt B die Kneipe und begibt sich in Richtung Haltestelle. Als er dort ankommt, beginnt A, den B anzupöbeln und bezeichnet ihn als „Penner" und „Dreckschwein". Er hofft, dass er den als impulsiv bekannten B dadurch zu einer Attacke provozieren kann, um ihn dann zu erschießen. Die erwünschte Reaktion lässt nicht lange auf sich warten: B zückt - wie von A vorhergesehen - ein Messer und will sich gerade auf A stürzen, als dieser seinerseits seine Pistole zieht und B mit einem Schuss in den Oberkörper stoppt, wobei A davon ausgeht, der Schuss werde B töten. Der Einsatz der Waffe war in diesem Moment die einzige sichere Möglichkeit um die Messerattacke des B abzuwehren, zumal B körperlich kräftiger war als A. Ansonsten wäre für A lediglich die Flucht geblieben, wobei die Gefahr bestanden hätte, dass B ihn hätte aufhalten und dann attackieren können. B verstirbt noch an Ort und Stelle.

Wie hat sich A nach dem StGB strafbar gemacht? Mordmerkmale sind nicht zu prüfen!

A. Strafbarkeit von A

I. § 212 StGB zu Lasten des C durch Abgabe des Schusses
1. Tatbestand: Vors. Tötung eines anderen Menschen
2. Rechtswidrigkeit
3. Schuld: Schuldunfähigkeit nach § 20 StGB zum Zeitpunkte der Abgabe des Schusses. Anderes Ergebnis über ‚a.l.i.c.' nach dem „Ausnahmemodell", aber: „Ausnahmemodell" nicht mit Art. 103 II GG vereinbar. A zum Zeitpunkt des Schusses schuldunfähig.
4. Ergebnis: A nicht strafbar nach § 212 StGB durch Abgabe des Schusses

II. § 212 StGB zu Lasten des C durch das Betrinken
1. Objektiver Tatbestand: Betrinken als kausale und objektiv zurechenbare Tathandlung (sog. „Tatbestandsmodell")
2. Subjektiver Tatbestand: Vorsatz bzgl. Betrinken und Tötung, bereits zum Zeitpunkt des Betrinkens
3. Rechtswidrigkeit
4. Schuld: zum Zeitpunkt des Betrinkens war A noch schuldfähig
5. Ergebnis: A strafbar nach § 212 StGB durch das Betrinken

III. § 185 StGB gegenüber B
Bezeichnung als „Penner" und „Dreckschwein" ist Kundgabe der Missachtung; vorsätzlich, rechtswidrig und schuldhaft; gemäß § 194 StGB ist ein Strafantrag erforderlich.

IV. § 212 StGB zu Lasten des B
1. Tatbestand: vorsätzliche Tötung eines anderen Menschen
2. Rechtswidrigkeit: Notwehr, § 32 StGB? (P) absichtliche Notwehrprovokation: Notwehrhandlung nicht geboten. A handelte rechtswidrig.
3. Schuld
4. Ergebnis: A strafbar nach § 212 StGB

V. § 303 StGB
Sachbeschädigung an der Kleidung des B

B. Endergebnis / Konkurrenzen
A ist strafbar nach § 212 StGB wegen Totschlags in zwei Fällen, Sachbeschädigung nach § 303 und wegen Beleidigung nach § 185 StGB. Die Taten stehen zueinander in Tatmehrheit nach § 53 StGB.

A. Strafbarkeit von A

I. § 212 StGB zu Lasten des C durch Abgabe des Schusses

A könnte sich durch Abgabe des Schusses auf C wegen Totschlags gemäß § 212 StGB strafbar gemacht haben.

1. Tatbestand

A hat den C durch den Schuss **getötet**. Der Erfolgseintritt beruhte auch kausal und objektiv zurechenbar auf der Handlung des A. Somit ist der objektive Tatbestand eines Totschlags nach § 212 StGB erfüllt.

A müsste diesbezüglich auch mit **Vorsatz** gehandelt haben. Vorsatz bezeichnet den Willen zur Verwirklichung eines gesetzlichen Tatbestandes in Kenntnis aller seiner Umstände.[31] A wollte hier den C töten und handelte somit mit Vorsatz hinsichtlich der Begehung eines Totschlags. Demnach ist auch der subjektive Tatbestand des § 212 StGB erfüllt.

2. Rechtswidrigkeit

Zugunsten des A greifen hier keine Rechtfertigungsgründe. Folglich ist sein Verhalten auch **rechtswidrig**.

3. Schuld

Schließlich müsste A auch **schuldhaft** gehandelt haben. Hier könnte jedoch ein Fall der Schuldunfähigkeit nach **§ 20 StGB** vorliegen, da A zum Zeitpunkt der Tat einen erheblichen Blutalkoholwert von 3,6 Promille aufwies. Insofern könnte bei ihm eine tiefgreifende Bewusstseinsstörung vorgelegen haben, aufgrund derer dem A die Fähigkeit zur Unrechtseinsicht bzw. die Fähigkeit entsprechend dieser

---

[31] Baumann/Weber/Mitsch/Eisele, § 11, Rn.8.

Einsicht zu handeln, fehlte. Unter einer tiefgreifenden Bewusstseinsstörung sind nicht krankhafte Einschränkungen der Bewusstseinsfähigkeit zu verstehen, welche z. B. auch durch einen alkoholischen oder rauschgiftbedingten Vollrausch hervorgerufen werden können.[32] Als Indiz für einen zur Schuldunfähigkeit führenden Rauschzustand wird eine Grenze von 3 Promille herangezogen[33], wobei bei Tötungsdelikten aufgrund der hohen Hemmschwelle (beachte dazu jedoch BGH NJW 2012, 1524 ff.) zum Teil ein noch höherer Wert von 3,3 Promille zugrunde gelegt wird.

A hatte vorliegend zum Zeitpunkt der Tat eine Blutalkoholkonzentration von 3,6 Promille vorzuweisen, d. h. einen Wert, der noch deutlich über den genannten Richtwerten liegt. Mangels anderer Anhaltspunkte, die für eine Schuldfähigkeit des A sprechen, ist aufgrund dieses starken Indizes vom Vorliegen einer tiefgreifenden Bewusstseinsstörung bei A auszugehen, die dazu führte, dass er nicht in der Lage war, das Unrecht seiner Tat einzusehen bzw. nach dieser Einsicht zu handeln. Somit befand sich A zum Zeitpunkt der Abgabe des Schusses in einem Zustand der **Schuldunfähigkeit** nach § 20 StGB, so dass eine Strafbarkeit grundsätzlich ausscheidet.

Zu einem anderen Ergebnis könnte man jedoch über die Rechtsfigur der vorsätzlichen ‚**actio libera in causa**' kommen. Diese sieht vor, dass trotz Schuldunfähigkeit eine Bestrafung aus dem vorsätzlichen Delikt möglich ist, wenn der Täter sich vorsätzlich in den Zustand der Schuldunfähigkeit versetzt und bereits zu diesem Zeitpunkt den Vorsatz zur Begehung einer hinreichen bestimmten Straftat gefasst hat.[34] Da A sich gerade absichtlich in den Rauschzustand versetzte, um dann in diesem Zustand den C zu erschießen

---

[32] Baumann/Weber/Mitsch/Eisele, § 17, Rn.19 (a. A. / h. M. ordnet die Rauschzustände der krankhaften seelischen Störung zu, s. auch Fischer § 20, Rn.11).
[33] Baumann/Weber/Mitsch/Eisele, § 17, Rn.19.
[34] Schönke/Schröder, § 20, Rn.36.

liegen diese Voraussetzungen hier vor.Die Vertreter des sogenannten **„Ausnahmemodells"** wenden in diesen Fällen aufgrund einer richterrechtlichen Ausnahme § 20 StGB nicht an.[35] Dies würde dazu führen, dass sich A durch Abgabe des Schusses auf C trotz des Vorliegens einer tiefgreifenden Bewusstseinsstörung im Augenblick der Tatbegehung wegen Totschlags nach § 212 StGB strafbar gemacht hätte, da § 20 StGB nicht zur Anwendung käme. Allerdings ist die Schaffung einer solchen ungeschriebenen Ausnahme zu § 20 StGB nicht mit dem Grundgesetz vereinbar, da hierdurch eine zugunsten des Täters wirkende Norm nicht angewandt wird. Dies entspricht einer Analogie zuungunsten des Täters, welche nach § 103 II GG unzulässig ist. Somit ist das „Ausnahmemodell" und auch die auf dieses Modell gestützte Herleitung der ‚actio libera in causa' abzulehnen. A war folglich nach § 20 StGB zum Zeitpunkt der Abgabe des Schusses auf C schuldunfähig.

4. Ergebnis

Demnach hat sich A durch Abgabe des Schusses auf C nicht wegen Totschlags gemäß § 212 StGB strafbar gemacht.

II. § 212 zu Lasten des C durch das Betrinken

Jedoch könnte sich Abereits durch das Betrinken gemäß § 212 StGB wegen Totschlags zu Lasten des C strafbar gemacht haben.

1. Objektiver Tatbestand

Zu diesem Ergebnis könnte man nach dem sogenannten **„Tatbestandsmodell"** kommen. Diese Auffassung knüpft für die Begründung der Strafbarkeit nicht an die im Zustand der Schuldunfähigkeit ausgeführte Handlung, sondern an

---

[35] siehe hierzu Wessels/Beulke/Satzger, Rn. 634 - 634 b; Ansicht dort inzwischen aufgegeben.

die den Zustand der Schuldunfähigkeit verursachende Handlung an.[36] Dann müsste das **Betrinken** bereits eine **tatbestandsmäßige Handlung** i. S. d. § 212 StGB darstellen. § 212 StGB sieht keine spezielle Begehung der Tötung vor, so dass grundsätzlich jedes kausale Verhalten als Tathandlung in Betracht kommt. **Kausal** ist jede Handlung, die nicht hinweggedacht werden kann, ohne dass der konkrete Erfolg entfiele.[37] Hätte A sich nicht übermäßig betrunken, so hätte er C auch nicht getötet, da er sich in nüchternem Zustand nicht zur Begehung der Tat durchringen konnte. Das Betrinken kann demnach nicht hinweggedacht werden, ohne dass der konkrete Erfolg, der Tod des C, entfiele. Somit stellt das Betrinken im vorliegenden Fall ein äquivalent kausales Verhalten dar.

Weiterhin müsste der Taterfolg dem A auch **objektiv zuzurechnen** sein. Objektive Zurechenbarkeit liegt vor, wenn der Täter durch sein Verhalten eine tatbestandsrelevante Gefahr geschaffen hat, die sich letztlich auch im Erfolg realisiert hat.[38] Indem sich A übermäßig stark betrunken hat, hat er die Gefahr geschaffen, dass er im Alkoholrausch den C töten würde. Diese Gefahr hat sich schließlich auch im Erfolg realisiert, da A aufgrund des alkoholbedingten Zustands der Enthemmung den C tötete. Der Taterfolg ist dem A somit auch objektiv zuzurechnen. Damit hätte A folglich bereits durch das Betrinken den objektiven Tatbestand eines Totschlags nach § 212 StGB erfüllt.

Allerdings wird in der Lehre teilweise eine Anknüpfung an das Betrinken als tatbestandliche Handlung abgelehnt, da darin eine willkürliche Vorverlagerung der Tathandlung zu sehen sei.[39] Dies widerspreche „dem in § 20 StGB verankerten Prinzip der zeitlichen Koinzidenz von Tat und

---

[36]Fischer, § 20, Rn.52.
[37] Haft, AT, S.51.
[38] Haft, AT, S.55.
[39]Salger/Mutzbauer, in: NStZ 1993, 561 (564).

Schuld."[40] Dem ist jedoch entgegenzuhalten, dass bei den Erfolgsdelikten, die keine spezielle Begehungsweise vorsehen, das Gesetz eben nicht festlegt, worin genau die Tatbegehung besteht. Damit ist aber auch der Tatzeitpunkt nicht festgelegt, so dass auch an das Sichversetzen in einen Zustand der Schuldunfähigkeit angeknüpft werden kann. Über die Wertungsebene der objektiven Zurechnung lässt sich eine zu weitreichende Haftung einschränken. Somit ist dem „Tatbestandsmodell" folgend davon auszugehen, dass A durch das Betrinken den objektiven Tatbestand des § 212 StGB erfüllt hat.

2. Subjektiver Tatbestand

Außerdem müsste A auch **vorsätzlich** gehandelt haben, wobei gemäß § 16 I StGB der Zeitpunkt der Begehung der Tat, d. h. hier das Betrinken, maßgeblich ist. A müsste sich also vorsätzlich in einen Rauschzustand versetzt haben und zu diesem Zeitpunkt bereits den Vorsatz gehabt haben, im Rausch eine bestimmte Tat zu begehen. A betrank sich gerade, um dann unter Alkoholeinfluss den C zu töten. Er hatte also bereits den Entschluss zu einer bestimmten Tat gefasst und handelte somit bei der Tatbegehung vorsätzlich.

3. Rechtswidrigkeit

Da keine Rechtfertigungsgründe eingreifen, handelte A auch **rechtswidrig**.

4. Schuld

Schließlich müsste das Verhalten des A **schuldhaft** gewesen sein. Dies setzt voraus, dass A zum Zeitpunkt der Tatbegehung schuldfähig war. Beim hier maßgeblichen Zeitpunkt des Betrinkens war dies der Fall. A handelte somit schuldhaft.

---

[40]Salger/Mutzbauer, in: NStZ 1993, 561 (565).

5. Ergebnis

Er hat sich folglich durch das Betrinken wegen Totschlags gemäß § 212 StGB strafbar gemacht.

III. § 185 StGB gegenüber B

A könnte außerdem nach § 185 StGB eine Beleidigung gegenüber B begangen haben, indem er diesen als „Penner" und „Dreckschwein" bezeichnete. Eine Beleidigung ist die Kundgabe einer Äußerung, die nach ihrem objektiven Sinngehalt die Missachtung, Nichtachtung oder Geringschätzung einer anderen Person zum Ausdruck bringt.[41] Eine Kundgabe liegt vor, wenn die Äußerung zur Kenntnisnahme durch einen anderen bestimmt ist.[42] Indem A den B als „Penner" und „Dreckschwein" titulierte, hat er ihm gegenüber Geringschätzung und Missachtung der Person des B kundgetan und somit den objektiven Tatbestand der Beleidigung erfüllt. Er handelte diesbezüglich vorsätzlich, rechtswidrig und schuldhaft und hat sich demnach gemäß §185 StGB strafbar gemacht. Gemäß § 194 StGB ist ein Strafantrag erforderlich.

IV. § 212 StGB zu Lasten des B durch Abgabe des Schusses

Außerdem könnte A sich durch Abgabe des Schusses auf B wegen Totschlags gemäß § 212 StGB strafbar gemacht haben.

1. Tatbestand

A hat den **Tod** des B durch den Schuss aus seiner Pistole kausal und objektiv zurechenbar herbeigeführt und somit den objektiven Tatbestand des § 212 StGB verwirklicht.

---
[41] Haft, BT II, S.74.
[42] Haft, BT II, S.75.

Weiterhin wollte A den B töten. Er ging auch davon aus, dass sein Schuss auf den Oberkörper des B zu dessen Tod führen würde. Demnach handelte er **vorsätzlich** und hat somit auch den subjektiven Tatbestand eines Totschlags erfüllt.

2. Rechtswidrigkeit

A müsste außerdem auch rechtswidrig gehandelt haben. Hier könnte jedoch zugunsten des A der **Rechtfertigungsgrund** der **Notwehr** nach § 32 StGB eingreifen. Dafür müsste zunächst eine Notwehrlage in Form eines gegenwärtigen, rechtswidrigen Angriffs durch B vorgelegen haben. Ein Angriff ist ein menschliches Verhalten, das eine Gefahr für geschützte Rechtsgüter darstellt.[43]

Hier hatte B gerade ein Messer gezogen, um A anzugreifen. Somit bestand eine Gefahr für Leib und Leben des A, so dass hier ein Angriff vorlag. Dieser müsste auch gegenwärtig gewesen sein. Gegenwärtig ist ein Angriff, wenn er unmittelbar bevorsteht, gerade stattfindet oder noch andauert.[44] B war gerade dabei, sich auf A zu stürzen, so dass der Angriff hier unmittelbar bevorstand und folglich als gegenwärtig anzusehen ist.

Weiterhin müsste der Angriff des B auch rechtswidrig gewesen sein, d. h. es dürfte zu seinen Gunsten kein Rechtfertigungsgrund eingreifen. Hier könnte B seinerseits durch Notwehr nach § 32 StGB gerechtfertigt gewesen sein. Die von A vorgenommene Bezeichnung als „Penner" und „Dreckschwein" stellte eine Beeinträchtigung der Ehre des B und demnach einen Angriff auf dieses Rechtsgut dar. Jedoch war zum dem Zeitpunkt, als B das Messer zog, die Beleidigung durch A bereits abgeschlossen. Es ist auch nicht ersichtlich, dass noch weitere Beleidigungen durch A folgten. Somit war der Angriff des A nicht mehr gegenwärtig.

---

[43] Baumann/Weber/Mitsch/Eisele, § 15, Rn.5.
[44] Sternberg-Lieben, in: Jura 1996, 299 (302).

31

Demzufolge war der Messerangriff des B auch nicht nach § 32 StGB gerechtfertigt. Die Attacke des B stellte folglich einen gegenwärtigen, rechtswidrigen Angriff dar, so dass sich A in einer Notwehrlage befand.

Weiterhin müsste die Notwehrhandlung des A, d. h. die Abgabe des Schusses auf den Oberkörper des B, auch erforderlich und geboten gewesen sein. Erforderlich i. S. d. § 32 StGB ist von mehreren gleichwirksamen Verteidigungsmitteln nur dasjenige, dass die für den Angreifer mildeste Alternative darstellt.[45] Außer dem Einsatz der Pistole bestand im vorliegenden Fall für A keine sichere Möglichkeit zur Abwehr des Angriffs, zumal B körperlich kräftiger und seinerseits mit einem Messer bewaffnet war. Demnach war das Verhalten des A auch erforderlich.

Schließlich müsste die Notwehrhandlung auch geboten gewesen sein. Ein Verhalten ist ausnahmsweise dann nicht als geboten anzusehen, wenn normativ eine Einschränkung des Notwehrrechts angebracht ist.[46] Eine solche Einschränkung könnte sich hier aufgrund einer **absichtlichen Notwehrprovokation** durch A ergeben. Eine solche Absichtsprovokation liegt vor, wenn der Täter einen anderen Menschen absichtlich zum Angriff reizt, um ihn dann unter Ausnutzung der Notwehrlage zu verletzen.[47] Hier wollte A den B durch die vorausgegangenen Beleidigungen gerade zu einem Angriff provozieren, um ihn dann zu erschießen. Somit liegt hier ein Fall der Absichtsprovokation vor. Umstritten ist jedoch, wie dieser rechtlich zu behandeln ist:

> ➢ Nach einer Auffassung führt die absichtliche Provokation zu keiner Einschränkung des Notwehrrechts, da es dem Provozierten freistehe, nicht auf die Provokation zu reagieren und sich dadurch zu schützen.[48]

---

[45] Fischer, § 32, Rn.30.
[46] Haft, AT, S.90.
[47] Haft, AT, S.91.
[48] Baumann/Weber/Mitsch/Eisele, § 15, Rn.56.

Etwas anderes gilt hiernach nur dann, wenn der Provozierte aufgrund der Provokation seine Steuerungsfähigkeit verliert, da er sich dann nicht mehr durch den Verzicht auf einen Angriff selbst schützen könne.[49] Da hier nicht ersichtlich ist, dass B im vorliegenden Fall aufgrund der Beleidigungen durch A seiner Steuerungsfähigkeit beraubt war, wäre die Abgabe des Schusses durch A nach dieser Auffassung somit durch Notwehr gerechtfertigt.

➢ Nach einer anderen Ansicht besteht demgegenüber in den Fällen der Absichtsprovokation nur ein abgestuftes Notwehrrecht. Sofern möglich, muss der Provokateur dem Angriff ausweichen. Sollte dies nicht in Frage kommen, so muss er zu einem möglichst milden Mittel greifen, auch wenn dieses weniger sicher ist.[50] Nach dieser Auffassung hätte A dem Angriff des B ausweichen müssen oder aber zumindest den Gebrauch der Schusswaffe androhen müssen, um B von seinem Angriff abzuhalten. Der unmittelbare tödliche Einsatz der Waffe war hiernach jedenfalls nicht von dem Notwehrrecht gedeckt, so dass A nicht nach § 32 StGB gerechtfertigt wäre.

➢ Eine weitere Auffassung schließt in den Fällen der Absichtsprovokation das Notwehrrecht gänzlich aus.[51] Auch hiernach wäre das Verhalten des A somit nicht nach § 32 StGB gerechtfertigt.

➢ Nach der Lehre von der ‚actio illicita in causa' wird durch die vorangegangene Provokation das Notwehrrecht an sich nicht beschränkt. Vielmehr ergebe sich die Strafbarkeit des Angegriffenen aus dem vorangegangenen provozierenden Verhalten,[52] d. h. ihm

---

[49] Baumann/Weber/Mitsch/Eisele, § 15, Rn.56.
[50] Haft, AT, S.91.
[51] Wessels/Beulke/Satzger, Rn.522.
[52] Bertel, in: ZStW 84, 1 (18).

wird vorgeworfen, dass die Rechtsordnung aufgrund seines Vorverhaltens dazu „gezwungen ist, ihm das Recht der Abwehr zur Verfügung zu stellen."[53] Je nachdem, ob der Angriff vorsätzlich oder nur fahrlässig provoziert wurde, begründe das Vorverhalten eine Strafbarkeit wegen vorsätzlichem oder fahrlässigem Delikt.[54] Da A den Angriff des B hier vorsätzlich provozierte wäre A nach dieser Auffassung in Anknüpfung an sein provozierendes Vorverhalten wegen Totschlags nach § 212 StGB strafbar.

Da die Auffassungen vorliegend zu unterschiedlichen Ergebnissen führen ist eine Entscheidung des Streitstandes erforderlich. Für ein uneingeschränktes Notwehrrecht auch in den Fällen der Absichtsprovokation könnte zunächst dass hinter dem Notwehrrecht stehende Rechtsbewährungsprinzip sprechen. Der Angegriffene verteidigt bei Ausübung der Notwehr nicht nur sich, sondern auch die gesamte Rechtsordnung. Auch ein absichtlich provozierter Angriff stellt eine rechtswidrige Beeinträchtigung der Rechtsordnung dar. Aus diesem Grund scheint auch in den Fällen der Absichtsprovokation die Gewährung des Notwehrrechts erforderlich zu sein, um die Verteidigung der Rechtsordnung zu gewährleisten.

Allerdings ist auf der anderen Seite äußerst fraglich, ob jemand, der eine andere Person zu einem Angriff provoziert, gerade um ihn dann unter dem Deckmantel der Notwehr verletzen oder töten zu können, zur Verteidigung der Rechtsordnung handelt. Vielmehr ist der Absichtsprovokateur der eigentliche Aggressor, der das Notwehrrecht zu seinen Zwecken missbraucht. Es ist nicht einzusehen, warum jemandem, der den Angriff einer Person gerade provozieren will, gegen diesen Angriff dann das weitreichende Abwehrrecht der Notwehr zustehen soll. Aus diesem Grund ist die erste Ansicht, die auch in den Fällen der absichtlichen Notwehrprovokation ein uneingeschränktes Notwehrrecht

---

[53] Schröder, in: JuS 1973, 157 (161).
[54] Bertel, in: ZStW 84, 1 (20).

vorsieht, abzulehnen. Da die übrigen Auffassungen vorliegend zu übereinstimmenden Ergebnissen führen, ist eine weitere Entscheidung der Streitigkeit hier nicht erforderlich. Die Abgabe des Schusses von A auf B ist nicht durch Notwehr gerechtfertigt gewesen. A handelte somit **rechtswidrig**.

3. Schuld

Schließlich müsste das Verhalten des A auch **schuldhaft** gewesen sein. Mangels anderslautender Angaben im Sachverhalt ist davon hier auszugehen.

4. Ergebnis

A hat sich durch Abgabe des Schusses auf B wegen Totschlags gemäß § 212 StGB strafbar gemacht.

V. § 303 StGB

Außerdem ist A nach § 303 StGB wegen Sachbeschädigung an der Kleidung des B nach § 303 StGB strafbar.[55] Gemäß § 303 c StGB ist ein Strafantrag erforderlich, soweit kein besonderes öffentliches Interesse an der Strafverfolgung besteht.

B. Endergebnis/Konkurrenzen

A hat sich gemäß § 212 StGB wegen Totschlags in zwei Fällen gegenüber C und B strafbar gemacht. Außerdem ist er nach § 185 StGB strafbar wegen einer Beleidigung gegenüber B und nach § 303 StGB wegen Sachbeschädigung an der Kleidung des B. Die Taten stehen gemäß § 53 StGB in Tatmehrheit zueinander.

---

[55] Vgl. Fall 1

Fall 3: Der „falsche" Mann

▸ **Standort:** AT: ‚error in persona', Anstiftung;
BT: Hausfriedensbruch, Körperverletzung, Freiheitsberaubung

Nach mehreren Meinungsverschiedenheiten mit seinem Arbeitskollegen B beschließt A, nunmehr zu drastischeren Mitteln zu greifen. Er fragt den ihm bekannten Rocker R, ob dieser den B nicht mal "vor seinem Haus abpassen und gehörig verprügeln" könne. Dafür werde er ihm 100 Euro zahlen. R erklärt sich unter diesen Umständen dazu bereit, den "Job" zu erledigen. A beschreibt dem R, wo B wohnt und gibt ihm außerdem ein Foto von B mit.

R begibt sich noch am selben Abend mit seinem Motorrad zu dem Mehrparteienmietshaus in dem B wohnt und beobachtet den Hauseingang. Nach einiger Zeit verlässt O, ein Mann der dem B sehr ähnlich sieht, das Haus. "Das ging aber schnell", denkt sich R und folgt dem O, der mit einem Auto davonfährt. Die Fahrt endet schließlich in einer abgelegenen Schrebergartenkolonie. Dort stellt O sein Auto ab, geht zu seinem Garten, schließt die Gartentür auf, betritt den Garten und schließt die Tür hinter sich wieder zu. R hat das Geschehen aus sicherer Entfernung beobachtet und klettert wenig später über den ca. 1,30 m hohen Gartenzaun.

R versteckt sich zunächst im Gebüsch und wartet auf sein Opfer. Als O die Gartenlaube verlässt, stürzt sich R von hinten auf ihn und versetzt ihm mehrere Faustschläge gegen den Körper. O fällt daraufhin zu Boden. Als R nun das Gesicht seines Opfers betrachtet, ist er überrascht. "Verdammt, das ist ja gar nicht B", denkt er sich. R kommt zu dem Entschluss, nun lieber das Weite zu suchen. Um seine Flucht zu sichern, zerrt er den O in die Gartenlaube und verkeilt die Tür von außen mit einem Holzscheit. Danach türmt er über den Gartenzaun und verschwindet mit seinem Motorrad. Nach mehreren erfolglosen Versuchen, aus der fensterlosen Laube zu entkommen, ruft O mit seinem Handy die Polizei und wird nach einer halben Stunde befreit. Durch

die Faustschläge erlitt er mehrere Hämatome im Bereich des Oberkörpers.
Wie haben sich A und R nach dem StGB strafbar gemacht?

A. Strafbarkeit von R
I. § 123 I StGB
1. Objektiver Tatbestand: Eindringen in geschützten Bereich gegen den Willen des Berechtigten; eingezäunter Garten als befriedetes Besitztum
2. Subjektiver Tatbestand: Vorsatz
3. Rechtswidrigkeit
4. Schuld
5. Ergebnis: R strafbar nach § 123 I, 1. Alt. StGB

II. § 223, 224 I Nr. 3 StGB
1. Objektiver Tatbestand: körperliche Misshandlung und Gesundheitsschädigung durch die Schläge; jedoch kein hinterlistiger Überfall nach § 224 I, Nr. 3 StGB
2. Subjektiver Tatbestand: Vorsatz
3. Rechtswidrigkeit; (P) ‚error in persona': unbeachtlich bei Gleichwertigkeit der Objekte
4. Schuld
5. Ergebnis: R strafbar nach § 223 StGB; gemäß § 230 StGB Strafantrag erforderlich

III. § 239 StGB
1. Objektiver Tatbestand: Einsperren eines anderen Menschen
2. Subjektiver Tatbestand: Vorsatz
3. Rechtswidrigkeit
4. Schuld
5. Ergebnis: R Strafbar nach § 239 StGB

IV. Konkurrenzen
Die Taten stehen zueinander in Tatmehrheit. R strafbar nach §§ 123 I, 223, 239 ; 53 StGB. Ebenfalls verwirklichte Nötigung nach § 240 StGB tritt hinter der Freiheitsberaubung zurück.

B. Strafbarkeit von A
I. §§ 223, 26 StGB
1. Objektiver Tatbestand: vorsätzliche, rechtswidrige Haupttat des Haupttäters und Bestimmen zu dieser Tat
2. Subjektiver Tatbestand: doppelter Anstiftervorsatz, d. h. Vorsatz hins. hinreichend konkreter Haupttat und bzgl. Bestimmen zu dieser Tat; (P) Auswirkung des ‚error in persona' auf den Anstifter? Zumindest unbeachtlich, wenn Individualisierung dem Haupttäter überlassen und Verwechslung i. R. d. allgemeinen Lebenserfahrung liegt.
3. Rechtswidrigkeit
4. Schuld
5. Ergebnis: A ist strafbar nach §§ 223, 26 StGB.

II. §§ 123 I, 26 StGB
kein Vorsatz hinsichtlich Hausfriedensbruch bei A, somit nicht strafbar nach §§ 123, 26 StGB

III. §§ 239, 26 StGB
R wurde zur Freiheitsberaubung nicht von A bestimmt. A ist somit nicht strafbar nach §§ 239, 26 StGB.

C. Endergebnis
R ist strafbar nach §§ 123 I, 223, 239, 53 StGB. A ist strafbar nach §§ 223, 26 StGB.

A. Strafbarkeit von R

I. § 123 I StGB

R könnte durch das Übersteigen des Gartenzaunes einen Hausfriedensbruch nach § 123 I, 1. Alt. StGB begangen haben.

1. Objektiver Tatbestand

Dafür müsste R **gegen den Willen des Berechtigten in** einen nach § 123 StGB **geschützten Bereich eingedrungen** sein. Der Garten könnte ein befriedetes Besitztum darstellen. Unter einem befriedeten Besitztum ist ein Grundstück zu verstehen, das erkennbar gegen das Betreten gesichert ist.[56] Der Garten war hier durch einen etwa 1,30 Meter hohen Zaun umgrenzt. Ein solcher Zaun stellt eine Sicherung gegen das Betreten des Grundstücks dar, so dass es sich bei dem Garten um befriedetes Besitztum handelt. In dieses müsste R eingedrungen sein. Eindringen ist das Betreten des geschützten Bereichs gegen den Willen des Berechtigten.[57] Ein Betreten setzt voraus, dass zumindest ein Teil des Körpers in die geschützte Sphäre gelangt.[58] Hier ist R

---
[56] Haft, BT II, S.15.
[57] Wessels/Hettinger, Rn.584.
[58] Schönke/Schröder, § 123, Rdnr.11.

über den Zaun geklettert und befand sich mit seinem Körper innerhalb des Gartens. Demnach liegt hier ein Betreten des Gartens durch R vor.

Dieses müsste gegen den Willen des Berechtigten geschehen sein. Berechtigter ist der Inhaber des Hausrechts.[59] Da es sich um den Garten des O handelte, ist dieser hier der Berechtigte. Es ist davon auszugehen, dass das Betreten des Grundstücks durch R dem Willen des O widersprach. Vor allem die Tatsache, dass er die Gartentür abgeschlossen hat, spricht eindeutig dafür, dass er nicht wollte, dass andere Leute in seinen Garten kommen. Demnach hat R den Garten gegen den Willen des Berechtigten betreten und ist somit in befriedetes Besitztum eingedrungen. Er hat folglich den objektiven Tatbestand des § 123 I, 1. Alt. StGB erfüllt.

2. Subjektiver Tatbestand

R müsste diesbezüglich auch mit **Vorsatz** gehandelt haben. Vorsatz bezeichnet den Willen zur Verwirklichung eines gesetzlichen Tatbestandes in Kenntnis aller seiner Umstände.[60] R wusste, dass es sich bei dem Garten um ein Grundstück handelte, das gegen das Betreten von außen gesichert war. Dennoch wollte er sich durch Übersteigen des Zaunes Zutritt verschaffen und somit den geschützten Bereich betreten. Hierbei ging er ersichtlich auch von einem entgegenstehenden Willen des Berechtigten aus, da er sich auf dem Grundstück zunächst versteckte, um von O nicht entdeckt zu werden. R hat den objektiven Tatbestand des § 123 I, 1. Alt. StGB somit vorsätzlich verwirklicht.

3. Rechtswidrigkeit

Da keine Rechtfertigungsgründe eingreifen handelte R auch **rechtswidrig**.

---

[59] Haft, BT II, S.16.
[60] Baumann/Weber/Mitsch/Eisele, § 11, Rn.8.

4. Schuld

Es liegt weiterhin ein **schuldhaftes Handeln** des R vor.

5. Ergebnis

Somit hat sich R durch das Übersteigen des Gartenzaunes wegen Hausfriedensbruchs nach § 123 I, 1. Alt. StGB strafbar gemacht. Zur Verfolgung der Tat ist gemäß § 123 II StGB die Stellung eines Strafantrags erforderlich.

II. §§ 223, 224 I Nr.3 StGB

R könnte sich außerdem durch die Faustschläge gegen O wegen gefährlicher Körperverletzung nach §§ 223, 224 I Nr.3 StGB strafbar gemacht haben.

1. Objektiver Tatbestand

Zunächst müsste R den O körperlich misshandelt oder an der Gesundheit geschädigt haben. Eine **körperliche Misshandlung** ist eine üble, unangemessene Behandlung, die das körperliche Wohlbefinden oder die körperliche Unversehrtheit nicht nur unerheblich beeinträchtigt.[61] Eine **Gesundheitsschädigung** ist das Hervorrufen oder Steigern eines krankhaften Zustands.[62]

Vorliegend hat R dem O mit Fäusten gegen den Oberkörper geschlagen. Das Zufügen solcher Schläge stellt eine üble, unangemessene Behandlung dar, die das körperliche Wohlbefinden erheblich beeinträchtigt. Somit liegt eine körperliche Misshandlung hier vor. Außerdem erlitt O infolge der Schläge mehrere Hämatome. Dies stellt eine krankhafte Abweichung vom Normalzustand dar, so dass hier auch eine Gesundheitsschädigung zu bejahen ist.

---

[61] Haft, BT II, S.145.
[62] Haft, BT II, S.145.

R hat den O durch die Faustschläge somit körperlich misshandelt und an der Gesundheit geschädigt. Die Verletzung beruhte auch kausal auf der Handlung des R und ist ihm auch objektiv zuzurechnen. Der objektive Tatbestand des § 223 StGB liegt somit vor.

Weiterhin käme hier das Vorliegen einer Qualifikation nach § 224 I Nr.3 StGB in Betracht. Dafür müsste R die Tat mittels eines hinterlistigen Überfalls begangen haben. Bloßes Verfolgen und ein Angriff von hinten reicht für einen hinterlistigen Überfall jedoch nicht aus.[63] Erforderlich ist vielmehr, dass der Täter seine wahren Absichten planmäßig verdeckt und dem Opfer dadurch die Verteidigung erschwert.[64] Daran fehlt es hier, so dass R die Qualifikation nach § 224 I Nr.3 StGB nicht erfüllt hat. Es bleibt beim Vorliegen des objektiven Tatbestandes des § 223 StGB.

2. Subjektiver Tatbestand

Diesbezüglich müsste R **vorsätzlich** gehandelt haben. Fraglich ist, wie es sich auswirkt, dass R annahm, dass es sich bei seinem Opfer um B - und nicht um O - handeln würde. Er wollte eigentlich den B verletzen und unterlag demzufolge bei Begehung der Tat einem '**error in persona**'. Dieser könnte einen Tatbestandsirrtum nach § 16 I StGB darstellen, mit der Folge, dass der Vorsatz bei R ausgeschlossen wäre.

Fraglich ist jedoch, ob die Identität des Opfers überhaupt zum gesetzlichen Tatbestand des § 223 StGB gehört. Der Wortlaut des Gesetzes („eine andere Person") lässt darauf schließen, dass dies nicht der Fall ist. Die Verwechslung des Angriffsobjekts mit einem anderen Objekt stellt **bei Gleichwertigkeit der Objekte** somit nur einen **unbeachtlichen Motivirrtum** dar.[65]

---

[63] Gössel/Dölling, § 13, Rn.41; zum hinterlistigen Überfall vgl. Fall 1.
[64] Haft, BT II, S.148.
[65] Haft, AT, S,256.

Im Moment der Ausführung der Tat hat sich der Vorsatz des R darauf konkretisiert, den ihm gegenüberstehenden Menschen - also O - zu verletzen. Demnach hat R den subjektiven Tatbestand des § 223 StGB erfüllt.

3. Rechtswidrigkeit

Da zugunsten des R keine Rechtfertigungsgründe eingreifen, handelte er **rechtswidrig**.

4. Schuld

Weiterhin liegt auch ein **schuldhaftes Verhalten** des R vor.

5. Ergebnis

Er hat sich demnach durch die Faustschläge gegen O wegen einer Körperverletzung nach § 223 StGB strafbar gemacht. Gemäß § 230 StGB ist ein Strafantrag erforderlich.

III. § 239 StGB

Weiterhin könnte R eine Freiheitsberaubung begangen haben, indem er die Tür der Gartenlaube von außen verkeilt hat, während sich O in der Laube befand.

1. Objektiver Tatbestand

R müsste einen **anderen Menschen eingesperrt** oder auf andere Art und Weise der Freiheit beraubt haben. Einsperren ist das Festhalten in einem umschlossenen Raum durch äußere Vorrichtungen, die ein Verlassen des Raumes objektiv verhindern.[66] Bei der Gartenlaube handelt es sich um einen umschlossenen Raum. Nachdem R die Tür der Gartenlaube von außen mit einem Holzscheit verkeilt hatte, konnte O diese trotz mehrmaliger Versuche von innen nicht

---

[66] Haft, BT II, S.166.

öffnen. Auch hatte die Gartenlaube keine Fenster, durch die O hätte flüchten können. Demnach hat R verhindert, dass O den umschlossenen Raum verlassen konnte und ihn somit eingesperrt. Die Zeitdauer einer halben Stunde, die O in der Laube verbringen musste, ist für die Annahme des Merkmals „Einsperren" vollkommen ausreichend. Somit hat R den objektiven Tatbestand des § 239 StGB kausal und objektiv zurechenbar verwirklicht.

2. Subjektiver Tatbestand

Weiterhin müsste er auch **vorsätzlich** gehandelt haben. R wollte den O in der Gartenlaube einsperren, um zu verhindern, dass dieser ihn an der Flucht hindern konnte. Hierbei kam es ihm gerade darauf an, dass O für einige Zeit am Verlassen der Laube gehindert sein würde. Er hat den objektiven Tatbestand somit mit Wissen und Wollen verwirklicht und handelte demnach vorsätzlich.

3. Rechtswidrigkeit

R handelte mangels des Eingreifens von Rechtfertigungsgründen auch **rechtswidrig**.

4. Schuld

Außerdem war sein Verhalten auch **schuldhaft**.

5. Ergebnis

Somit hat sich R durch das Einsperren des O in der Laube wegen Freiheitsberaubung nach § 239 StGB strafbar gemacht.

IV. Konkurrenzen

R ist strafbar gemäß §§ 123, 223, 239 StGB.

Die Taten stehen gemäß § 53 StGB in Tatmehrheit zueinander.[67] Die ebenfalls verwirklichte Nötigung nach § 240 StGB wird von der Freiheitsberaubung im Wege der Spezialität verdrängt, da die Freiheitsberaubung hier lediglich einen Ortswechsel des Opfers verhindern sollte und kein weitergehender Nötigungszweck bestand.[68]

B. Strafbarkeit des A

I. §§ 223, 26 StGB

A könnte sich wegen Anstiftung zur Körperverletzung nach §§ 223, 26 StGB strafbar gemacht haben, indem er dem R 100 Euro bot, damit dieser den B verprügelt.

1. Objektiver Tatbestand

Dafür müsste nach dem sich aus § 26 StGB ergebenden **Grundsatz der limitierten Akzessorietät** zunächst eine **vorsätzliche, rechtswidrige Haupttat** durch R vorliegen. Diese ist hier in der vollendeten Körperverletzung nach § 223 StGB an O zu sehen. Zu dieser Tat müsste A den R bestimmt haben. **Bestimmen** ist das Hervorrufen des Tatentschlusses beim Täter.[69] R beging den Angriff auf O, um die von A in Aussicht gestellte Belohnung zu kassieren. Sein Tatentschluss wurde somit durch A hervorgerufen, so dass hier von einem Bestimmen auszugehen ist.

2. Subjektiver Tatbestand

Weiterhin müsste A mit **doppeltem Anstiftervorsatz** gehandelt haben, d. h. sein Vorsatz müsste sich auf das Bestimmen zur Tat und die Vollendung der Haupttat erstreck-

---

[67] Ebenso möglich mit Hinweis auf den Dauerdeliktscharakter von Hausfriedensbruch und Freiheitsberaubung ist hier, Tateinheit gemäß § 52 StGB anzunehmen, so z. B. Rengier, BT II, § 30, Rn.29.
[68] Vgl. Rengier, BT II, § 22, Rn.26/27.
[69] Haft, AT, S.215.

en. A war sich hier bewusst, dass er den R durch sein Angebot zur Begehung einer Körperverletzung bestimmen würde. Dies wollte er auch, so dass diesbezüglich Vorsatz zu bejahen ist.

Fraglich ist jedoch ob bei A auch Vorsatz hinsichtlich der Haupttat des R vorlag, da A wollte, dass B - und nicht O – verletzt wird. Der Anstiftervorsatz muss sich auf die Vollendung einer in den wesentlichen Grundzügen konkretisierten Tat beziehen.[70] Zu klären ist nun, ob der ‚**error in persona**' **des Haupttäters** eine solche Abweichung darstellt, die den Vorsatz beim Anstifter entfallen lässt. Hierzu werden verschiedene Ansichten vertreten:

➢ Teilweise wird angenommen, dass ein für den Haupttäter unbeachtlicher ‚error in persona' auch auf die Strafbarkeit des Anstifters grundsätzlich keine Auswirkungen habe.[71] Nach dieser Ansicht wäre bei A der Vorsatz hinsichtlich der Haupttat des R gegeben.

➢ Die Gegenauffassung geht in diesen Fällen vom Vorliegen einer ‚aberratio ictus' beim Anstifter aus und bestraft nur - soweit möglich - wegen versuchter Anstiftung nach § 30 I StGB und ggf. wegen fahrlässiger Täterschaft.[72] Nach dieser Ansicht würde es bei A am erforderlichen Anstiftervorsatz zu der von R gegenüber O begangenen Körperverletzung fehlen. Da es sich bei der Körperverletzung nach § 223 StGB nicht um ein Verbrechen handelt, käme auch keine Strafbarkeit wegen einer versuchten Anstiftung zu einer Körperverletzung gegenüber B nach § 30 I StGB in Betracht. Letztlich wäre hiernach lediglich eine Bestrafung wegen fahrlässiger Körperverletzung gegenüber O nach § 229 StGB möglich.

---

[70] Wessels/Beulke/Satzger, Rn.812.
[71] Preußisches Archiv für Strafrecht 7, 322 (337).
[72] Otto, in:, JuS 1982, 557 (562).

45

➢ Eine vermittelnde Ansicht geht in den Fällen vom Vorliegen des Anstiftervorsatzes aus, in denen der Anstifter dem Täter die *Individualisierung des Opfers* überlassen hat und der Täter bei Tatbegehung versucht, entsprechend den Vorstellungen des Anstifters zu handeln.[73] Hier gab A dem Täter R zwar ein Foto zur Erkennung des B mit, die Individualisierung des Opfers zum Zeitpunkt der Tatbegehung oblag jedoch letztlich dem R. Dieser versuchte auch, sich bei seinem Vorgehen im Rahmen der Vorgaben des A zu halten. Somit wäre nach dieser Auffassung vom Vorliegen des Anstiftervorsatzes bei A auszugehen.

➢ Nach der heutigen Rechtsprechung des BGH hat der Irrtum des Täters auf die Strafbarkeit des Anstifters keine Auswirkungen, solange sich der Irrtum innerhalb der Grenzen der allgemeinen Lebenserfahrung befindet.[74] Da es durchaus im Rahmen der allgemeinen Lebenserfahrung liegt, dass eine andere, ähnlich aussehende Person mit der auf einem Foto gezeigten Person verwechselt wird, wäre nach dieser Auffassung der Irrtum des R ohne Auswirkungen auf den Vorsatz des A.

Da die dargestellten Auffassungen hier zu unterschiedlichen Ergebnissen führen ist eine Entscheidung des Streitstandes erforderlich. Für die Annahme einer ‚aberratio ictus' und den damit verbundenen Vorsatzausschluss scheint zunächst zu sprechen, dass das Tatobjekt für den Anstifter regelmäßig von entscheidender Bedeutung sein dürfte, so dass die Verwechslung desselben eine erhebliche Abweichung von der eigenen Tatvorstellung nahe legt. Jedoch ist auch zu berücksichtigen, dass der Tatentschluss des Täters überhaupt erst durch den Anstifter hervorgerufen wurde. Aus diesem Grunde erscheint es fraglich, ob ein Irrtum, der für den Täter unbeachtlich ist, zum Ausschluss des Vorsatzes beim An-

---

[73] Wessels/Beulke/Satzger, Rn.815 c.
[74] BGHSt 37, 214, Urteil vom 25.10.1990.

stifter führen kann. Zumindest in den Fällen, in denen der Anstifter die Individualisierung des Opfers dem Täter überlässt, besteht das Risiko, dass der Täter sich bei der Wahl des Opfers irrt. Dieses Risiko geht zu einem nicht unerheblichen Maße auf den Anstifter zurück, so dass ihm diese durch ihn selbst gesetzte Gefahr auch zuzurechnen ist.

Wenn der Täter versucht, entsprechend den Vorstellungen des Anstifters die Tat zu verwirklichen, so stellt die Verwechslung des Tatobjekts - zumindest sofern sie sich innerhalb dessen hält, was nach der allgemeinen Lebenserfahrung vorhersehbar ist - letztlich keine solche Abweichung dar, die einen Vorsatzausschluss zu begründen vermag. Im Wesentlichen entspricht die Tat - Angriff auf eine Person, auf die die vom Anstifter gegebene Beschreibung passt - nämlich durchaus dem Vorstellungsbild des Anstifters. Aus diesen Gründen ist die zweite Ansicht letztlich abzulehnen. Eine weitere Entscheidung zwischen den anderen Auffassungen ist hier entbehrlich, da sie vorliegend zum gleichen Ergebnis kommen. A handelte mit dem erforderlichen Vorsatz in Bezug auf die Vollendung der von R begangenen Haupttat, so dass der subjektive Tatbestand erfüllt ist.

3. Rechtswidrigkeit

Da zugunsten des A keine Rechtfertigungsgründe eingreifen, ist sein Verhalten auch **rechtswidrig**.

4. Schuld

Schließlich ist mangels gegenteiliger Anhaltspunkte auch von der **Schuld** des A auszugehen.

5. Ergebnis

A hat sich somit durch die Auslobung der „Belohnung" gegenüber R wegen Anstiftung zur Körperverletzung gemäß §§ 223, 26 StGB strafbar gemacht.

II. §§ 123 I, 26 StGB

Außerdem könnte sich A durch die gleiche Handlung gemäß §§ 123 I, 26 StGB wegen Anstiftung zum Hausfriedensbruch strafbar gemacht haben. Eine vorsätzliche, rechtswidrige Haupttat durch R liegt hier vor. Zu dieser Tat müsste A den R vorsätzlich angestiftet haben. Zumindest am Vorsatz fehlt es hier jedoch, da nicht ersichtlich ist, dass A damit rechnete, geschweige denn wollte, dass R zur Begehung der Körperverletzung einen Hausfriedensbruch begehen würde. Vielmehr nahm A an, dass R das Opfer vor der Haustür abpassen würde. Somit bezog sich sein Vorsatz nicht auf die Bestimmung zu einem Hausfriedensbruch. A ist folglich nicht wegen Anstiftung zum Hausfriedensbruch nach §§ 123, 26 StGB strafbar.

III. §§ 239, 26 StGB

Schließlich käme eine Strafbarkeit des A wegen Anstiftung zu einer Freiheitsberaubung nach §§ 239, 26 StGB in Frage. Die erforderliche vorsätzliche, rechtswidrige Haupttat durch R liegt hier vor. Jedoch wurde R zur Begehung dieser Tat nicht durch A bestimmt. Vielmehr entstand der Entschluss zur Tatbegehung bei ihm spontan zur Absicherung der eigenen Flucht. Insofern fehlt es an einem Bestimmen durch A, so dass eine Strafbarkeit nach §§ 239, 26 StGB für A ausscheidet.

C. Endergebnis

R ist wegen Hausfriedensbruch, Körperverletzung und Freiheitsberaubung strafbar gemäß §§ 123, 223, 239, 53 StGB.

A hat sich nach §§ 223, 26 StGB wegen Anstiftung zur Körperverletzung strafbar gemacht

Fall 4: Schock am Abend

▸ **Standort**: AT: Erlaubnistatbestandsirrtum, obj. Zurechnung;
   BT: Gef. Körperverletzung, fahrl. Körperverletzung / Tötung

Der ängstliche A steht am frühen Abend in der Station "Zoologischer Garten" in Berlin und wartet auf die nächste S-Bahn. Mit Sorge bemerkt er den 25-jährigen J, der durch die Station geht und nacheinander mehrere Leute anspricht. Nach einem kurzen Moment geht er jeweils weiter und kommt schließlich auf A zu. Dabei erkennt A, dass J in der Hand einen Gegenstand hält. Als J nur noch etwa zwei Meter von A entfernt ist und den Arm mit dem Gegenstand langsam nach vorne streckt, bekommt A Panik. Er glaubt, dass J ein Messer in der Hand hält und ihn nun damit angreifen will. Daher zieht der schmächtige A aus seiner Jackentasche einen Elektroschocker und drückt diesen - obwohl er sich der beträchtlichen Wirkung des Gerätes bewusst ist - gegen den unbekleideten Unterarm des J, woraufhin J einen kräftigen Stromstoß abbekommt und zuckend zu Boden stürzt. Dabei bricht er sich das Handgelenk, wobei A mit einer derartigen Verletzung durchaus gerechnet hatte. Nun bemerkt A, dass es sich bei dem Gegenstand in der Hand des J nicht um ein Messer, sondern um eine Tabakpfeife handelte. J wollte den A offensichtlich nur nach Feuer fragen. Hätte A die Situation genauer beobachtet, so hätte er dies bereits vorher ohne weiteres erkennen können.

Nach kurzer Zeit trifft ein Rettungswagen ein, der den J mitnimmt, um ihn zur Behandlung der Handverletzung in ein Krankenhaus zu bringen. Auf dem Weg dorthin geschieht jedoch ein folgenschwerer Unfall. Der Rettungswagen wird von einem Laster, der die Vorfahrt missachtet, gerammt. J verstirbt noch an der Unfallstelle.

Strafbarkeit des A nach dem StGB?

A. Strafbarkeit von A
I. §§ 223, 224 I, Nr. 2 StGB
1. Objektiver Tatbestand
a.) körperliche Misshandlung und Gesundheitsschädigung
b.) Elektroschocker als Waffe i. S. d. § 224 I, Nr. 2 StGB
2. Subjektiver Tatbestand: Vorsatz
3. Rechtswidrigkeit: Voraussetzungen der Notwehr liegen nicht vor.
4. Schuld: (P) Erlaubnistatbestandsirrtum; A hat sich eine Situation vorgestellt, bei deren tatsächlichen Vorliegen er nach § 32 StGB gerechtfertigt gewesen wäre. I. E. Wegfall der Vorsatzschuld (sog. rechtsfolgenverweisende, eingeschränkte Schuldtheorie).
5. Ergebnis: A ist nicht strafbar nach §§ 223, 224 I, Nr. 2 StGB.

II. § 229 StGB
1. Tatbestand: Sorgfaltspflichtverletzung durch irrige Annahme einer Rechtfertigungssituation; objektiv vorhersehbar.
2. Rechtswidrigkeit
3. Schuld: subjektive Vorhersehbarkeit und Vermeidbarkeit
4. Ergebnis: A ist strafbar nach § 229 StGB, Strafantrag § 230 StGB

III. § 222 StGB
Tod des J ist dem A objektiv nicht zuzurechnen. A ist nicht nach § 222 StGB strafbar.

B. Endergebnis
A hat sich nach § 229 StGB strafbar gemacht.

A. Strafbarkeit von A

I. §§ 223, 224 I, Nr.2 StGB

A könnte sich durch die Attacke mit dem Elektroschocker wegen gefährlicher Körperverletzung gemäß §§ 223, 224 I, Nr.2 StGB strafbar gemacht haben.

1. Objektiver Tatbestand

a. Körperverletzung, § 223 StGB

A müsste zunächst den objektiven Tatbestand einer Körperverletzung nach § 223 StGB verwirklicht, d. h. einen anderen Menschen körperlich misshandelt oder an der Gesundheit geschädigt, haben.

Eine **körperliche Misshandlung** ist eine üble unangemessene Behandlung, die das körperliche Wohlbefinden oder die körperliche Unversehrtheit nicht nur unerheblich beeinträchtigt.[75] Eine **Gesundheitsschädigung** ist das Hervorrufen oder Steigern eines krankhaften Zustands.[76] J erlitt durch den von A ausgeführten Angriff mit dem Elektroschocker einen kräftigen Stromstoß. Es ist davon auszugehen, dass das körperliche Wohlbefinden des J hierdurch nicht unerheblich beeinträchtigt wurde. Somit liegt eine körperliche Misshandlung hier vor. Außerdem brach sich J beim anschließenden Sturz auf den Boden das Handgelenk, so dass bei ihm auch ein krankhafter Zustand hervorgerufen wurde. Folglich ist auch eine Gesundheitsschädigung zu bejahen.

Die Verletzung des J müsste weiterhin **kausal** durch die Handlung des A hervorgerufen worden sein. Kausal ist jede Handlung, die nicht hinweggedacht werden kann, ohne dass der konkrete Erfolg entfiele.[77] Hätte A den J nicht mit seinem Elektroschocker attackiert, so hätte dieser keinen Stromstoß erlitten und wäre auch nicht unkontrolliert zu Boden gestürzt. Somit wäre auch sein Handgelenk nicht gebrochen. Die Verletzung des J würde bei Hinwegdenken der Handlung des A somit entfallen, so dass sein Verhalten als kausal für den Eintritt des Erfolges anzusehen ist.

Schließlich müsste der Erfolg dem A auch objektiv zuzurechnen sein. **Objektive Zurechenbarkeit** liegt vor, wenn der Täter durch sein Verhalten eine tatbestandsrelevante Gefahr geschaffen hat, die sich auch im Erfolg realisiert hat.[78] Indem A den J mit dem Elektroschocker angegriffen hat, hat er das Risiko gesetzt, dass J einen Stromstoß erleidet. Außerdem begründete er hierdurch auch die Gefahr, dass J als Folge des Stromstoßes zu Boden stürzen und

---

[75] Haft, BT II, S.145.
[76] Haft, BT II, S.145.
[77] Haft, AT, S.51.
[78] Haft, AT, S.55.

sich dabei verletzen würde. Genau diese Gefahr hat sich auch in der Handgelenksverletzung des J realisiert. Eine solche Verletzung ist auch nicht völlig unvorhersehbar, so dass auch die Handverletzung des J dem A mithin objektiv zuzurechnen ist. A hat demnach den objektiven Tatbestand einer Körperverletzung nach § 223 StGB in beiden Alternativen verwirklicht.

b. Qualifikation nach § 224 I, Nr.2 StGB

Außerdem könnten qualifizierende Merkmale gemäß § 224 I StGB vorliegen. Hier kommt die Begehung der Tat mittels einer **Waffe** i. S. d. § 224 I Nr.2 StGB in Betracht. Erfasst werden von diesem Waffenbegriff nur die Waffen im technischen Sinne,[79] d. h. solche Gegenstände, die nach ihrer Natur - und nach ihrer konkreten Verwendung[80] - dazu bestimmt sind, Verletzungen hervorzurufen.[81] Bei einem Elektroschocker handelt es sich um einen Gegenstand, der dazu bestimmt ist, durch Abgabe eines Stromstoßes Verletzungen beim Opfer hervorzurufen. Folglich stellt der Elektroschocker eine Waffe i.S.d. § 224 I Nr. 2 StGB dar, so dass dieses Qualifikationsmerkmal objektiv vorliegt.

2. Subjektiver Tatbestand

Weiterhin müsste A mit **Vorsatz** gehandelt haben. Vorsatz bezeichnet den Willen zur Verwirklichung eines gesetzlichen Tatbestandes in Kenntnis aller seiner Umstände.[82] A wusste, dass J durch den Einsatz des Elektroschockers einen Stromstoß erleiden würde. Somit handelte er diesbezüglich mit direktem Vorsatz. Da A um die Wirkungen des Elektroschockers wusste und ihn dennoch eingesetzt hat, hat er außerdem billigend in Kauf genommen, dass J infolgedessen zu Boden stürzen und sich hierbei weitere Verletzungen

---

[79] BGH StV 2002, 21 (22), Urteil vom 27.9.2001.
[80] Gössel/Dölling, § 13, Rn.39.
[81] Rengier, BT II, § 14, Rn.43.
[82] Baumann/Weber/Mitsch/Eisele, § 11, Rn.8.

zuziehen könnte. Demzufolge handelte er diesbezüglich mit Eventualvorsatz. A hat somit auch den subjektiven Tatbestand einer gefährlichen Körperverletzung nach §§ 223, 224 I Nr.2 StGB erfüllt.

3. Rechtswidrigkeit

Das Verhalten des A müsste zudem auch **rechtswidrig** gewesen sein. Vorliegend könnte A gemäß § 32 StGB wegen Notwehr gerechtfertigt sein. Dafür müsste zunächst eine Notwehrlage in Form eines gegenwärtigen, rechtswidrigen Angriffs durch J bestanden haben. Nach welchen Kriterien das Vorliegen der Notwehrlage zu bestimmen ist, ist dabei strittig:

> ➢ Nach einer Ansicht setzt eine Rechtfertigung nach § 32 StGB das objektive Vorliegen einer Notwehrlage voraus.[83] Hier ging A zwar davon aus, dass J ihn angreifen wollte, tatsächlich wollte dieser ihn jedoch nur nach Feuer fragen. Es fehlte demnach an dem objektiven Vorliegen eines Angriffs. Somit wäre nach dieser Ansicht keine Notwehrlage gegeben.

> ➢ Eine andere Meinung lässt es hingegen genügen, wenn aus der Sicht des Verteidigers „bei objektiver Würdigung von einem gegenwärtigen, rechtswidrigen Angriff ausgegangen werden durfte"[84], was der Fall sei, wenn der Verteidiger die Lage nicht fahrlässig verkannt habe.[85] Vorliegend wäre bei aufmerksamerer Beobachtung der Situation jedoch erkennbar gewesen, dass J den A nicht angreifen wollte. J hatte bereits vorher mehrere Passanten angesprochen und war kurze Zeit später jeweils weitergegangen, ohne die Leute irgendwie zu attackieren. Außerdem hätte A bei genauerem Hinsehen auch erkennen

---

[83] Fischer, § 32, Rdnr.4.
[84] Freund, in: GA 1991, 387 (407).
[85] Freund, in: GA 1991, 387 (407).

können, dass es sich bei dem Gegenstand in der Hand des J nicht um ein Messer, sondern lediglich um eine Tabakpfeife handelte. Demnach war die Fehlvorstellung vermeidbar, sodass von Fahrlässigkeit auszugehen ist. Folglich läge auch nach dieser Ansicht keine Notwehrlage vor.

Da die beiden Ansichten im vorliegenden Fall zum gleichen Ergebnis führen ist eine Entscheidung des Meinungsstreits nicht notwendig. Es fehlt hier an einer Notwehrlage, so dass A nicht nach § 32 StGB gerechtfertigt ist. Die Verletzung des J war somit rechtswidrig.

4. Schuld

Schließlich müsste A auch **schuldhaft** gehandelt haben. An seiner Schuldfähigkeit bestehen keine Zweifel.

a. Vorliegen eines Erlaubnistatbestandsirrtums

Allerdings ging A bei Begehung der Tat davon aus, dass J ihn mit einem Messer angreifen wollte. A könnte sich somit in einem **Erlaubnistatbestandsirrtum** befunden haben. Ein solcher liegt vor, wenn der Täter bei Begehung der Tat irrtümlich Umstände annimmt, die im Falle ihres tatsächlichen Vorliegens zu einer Rechtfertigung führen würden.[86]

aa. Voraussetz. des § 32 StGB nach Vorstellung des A

Es ist folglich zu prüfen, ob der Einsatz des Elektroschockers gegen J gerechtfertigt gewesen wäre, wenn J den A tatsächlich mit einem Messer hätte attackieren wollen. In diesem Fall könnten die Voraussetzungen der Notwehr nach § 32 StGB vorgelegen haben. Dafür müsste nach dem von A angenommenen Sachverhalt eine Notwehrlage in Form eines gegenwärtigen, rechtswidrigen Angriffs bestanden

---

[86] Wessels/Beulke/Satzger, Rn.693.

haben. Ein *Angriff* ist ein menschliches Verhalten, das eine Gefahr für geschützte Rechtsgüter darstellt.[87] A ging davon aus, dass J ihn mit einem Messer attackieren wollte. Er stellte sich somit eine Situation vor, in der von J eine Gefahr für seinen Körper und seine Gesundheit ausging. Demnach lag aus Sicht des A ein Angriff vor.

Dieser müsste nach der Vorstellung des A auch *gegenwärtig* gewesen sein. Gegenwärtig ist ein Angriff, wenn er unmittelbar bevorsteht, gerade stattfindet oder noch andauert.[88] Nach der Einschätzung von A war mit einem unmittelbar bevorstehenden Angriff durch J zu rechnen, da dieser sich ihm mit der vermeintlichen Waffe bereits bis auf zwei Meter genähert hatte. A ging somit von der Gegenwärtigkeit des Angriffs aus.

Weiterhin müsste der von A vorgestellte Angriff auch *rechtswidrig* gewesen sein. Für eine Rechtfertigung des vermeintlichen Angriffs durch J gibt es hier keinerlei Anhaltspunkte. Somit stellte sich A auch einen rechtswidrigen Angriff vor. Er ging demnach vom Vorliegen einer Notwehrlage aus.

Weiterhin müsste die Notwehrhandlung, d. h. der Einsatz des Elektroschockers, nach der Vorstellung des A auch *erforderlich* und *geboten* gewesen sein. Erforderlich i. S. d. § 32 StGB ist von mehreren gleichwirksamen Verteidigungsmitteln nur dasjenige, das die für den Angreifer mildeste Alternative darstellt.[89] Es ist hier nicht ersichtlich, dass A im Falle eines tatsächlichen Messerangriffs durch J ein milderes, aber gleichermaßen wirksames Mittel zur Verteidigung zur Verfügung gestanden hätte. Insbesondere wäre eine Verteidigung mit den bloßen Händen weniger effektiv gewesen, zumal es sich bei A um eine eher schmächtige Person handelte. Demnach wäre das Verhalten des A im Falle eines

---

[87] Baumann/Weber/Mitsch/Eisele, § 15, Rn.5.
[88] Sternberg-Lieben, in: Jura 1996, 299 (302).
[89] Fischer, § 32, Rdnr.30.

tatsächlichen Angriffs durch J erforderlich gewesen. Schließlich müsste die Notwehrhandlung aus der Sicht des A betrachtet auch *geboten* gewesen sein. Ein Verhalten ist ausnahmsweise dann nicht als geboten anzusehen, wenn normativ eine Einschränkung des Notwehrrechts angebracht ist.[90] Für die Notwendigkeit einer solchen Einschränkung gibt es hier jedoch keine Anhaltspunkte, so dass der Einsatz des Elektroschockers im Falle eines tatsächlichen Angriffs auch geboten gewesen wäre.

A ging somit von einer Situation aus, in der alle Voraussetzungen der Notwehr nach § 32 StGB vorgelegen hätten. Die Verletzung des J wäre nach seiner Vorstellung von der Tat also gerechtfertigt gewesen. Demnach befand sich A bei Begehung der Tat in einem Erlaubnistatbestandsirrtum.

b. Rechtl. Behandlung des Erlaubnistatbestandsirrtums

Fraglich ist jedoch, welche rechtlichen Konsequenzen sich aus dem Vorliegen dieses Erlaubnistatbestandsirrtums ergeben. Hierzu werden verschiedene Ansichten vertreten.

aa. Modifizierte Vorsatztheorie

Nach der modifizierten Vorsatztheorie gehört das materielle Unrechtsbewusstsein, d. h. „das Bewusstsein der Sozialgefährlichkeit oder Sozialschädlichkeit des Verhaltens",[91] zum Vorsatz.[92] Am materiellen Unrechtsbewusstsein fehle es, wenn der Täter irrig eine rechtfertigende Sachlage annimmt, da dann gerade die Kenntnis von der Sozialschädlichkeit des Verhaltens nicht vorliege.[93] In diesen Fällen sei somit § 16 StGB anwendbar.[94] Da A hier von einer ihn rechtfertigenden Sachlage ausging, fehlte bei ihm nach dieser

---

[90] Haft, Strafrecht, Allgemeiner Teil, S.90.
[91] Otto, in: Jura 1990, 645 (647).
[92] Geerds, in: Jura 1990, 421 (429).
[93] Geerds, in: Jura 1990, 421 (430).
[94] Geerds, in: Jura 1990, 421 (429/430).

Auffassung das materielle Unrechtsbewusstsein. Aufgrund dessen wäre bei A hiernach gemäß § 16 Abs.1, Satz 1 StGB bereits der Vorsatz zu verneinen gewesen.

bb. Lehre von den negativen Tatbestandsmerkmalen

Zu einer Anwendung des § 16 StGB kommt auch die Lehre von den negativen Tatbestandsmerkmalen. Diese Lehre geht davon aus, dass das Nichtvorliegen von Rechtfertigungsgründen ein negatives Merkmal des Tatbestandes darstellt, dass vom Vorsatz umfasst sein muss.[95] An diesem Vorsatz fehlt es, wenn der Täter die positive Vorstellung von einer ihn rechtfertigenden Sachlage hat.[96] Da auch A von einer Situation ausging, in der sein Angriff auf J gerechtfertigt gewesen wäre, fehlte bei ihm somit der Vorsatz bezüglich des Nichtvorliegens von Rechtfertigungsgründen. Da dieses Merkmal nach der vorliegenden Auffassung zum Tatbestand gehört, kommt man demnach zu einer direkten Anwendung des § 16 Abs.1, Satz 1 StGB mit der Folge, dass bei A bereits der Vorsatz zu verneinen gewesen wäre.

cc. Eingeschränkte Schuldtheorie

Die eingeschränkte Schuldtheorie unterscheidet hingegen innerhalb des Unrechts zwischen der generellen Unrechtsbegründung und einer ausnahmsweise anzunehmenden Rechtfertigung, d. h. das Nichtvorliegen von Rechtfertigungsgründen gehört hiernach nicht zum Deliktstatbestand. Da sich § 16 Abs.1, Satz 1 BGB jedoch nur auf die fehlende Kenntnis von Merkmalen des Tatbestands bezieht, kann dieser somit nach der eingeschränkten Schuldtheorie in den Fällen der irrigen Annahme eines Rechtfertigungsgrundes auch nicht direkt zur Anwendung kommen. Allerdings stehe der Täter, der im Erlaubnistatbestandsirrtum handelt, dem Täter, der im Tatumstandsirrtum handelt, gleich.[97]

---

[95] Schroth, in: Kaufmann - Festschrift, S.595 (598).
[96] Schroth, in: Kaufmann - Festschrift, S.595 (600).
[97] Dieckmann, in: Jura 1994, 178 (185).

Auch er verhalte sich „an sich rechtstreu."[98] Aus diesem Grund sei eine analoge Anwendung des § 16 Abs.1, Satz 1 StGB mit der Folge des Vorsatzausschlusses angebracht.[99] Nach dieser Auffassung wäre A, da er sich in einem Erlaubnistatbestandsirrtum befand, analog § 16 Abs.1, Satz 1 StGB nicht wegen vorsätzlicher Begehung strafbar.

dd. Rechtsfolgenverweisende, eingeschr. Schuldtheorie

Ebenfalls ausgehend von einer Unterscheidung zwischen Tatbestand und Rechtfertigungsebene differenziert die rechtsfolgenverweisende, eingeschränkte Schuldtheorie zwischen dem Vorsatz als Verhaltensform und dem Vorsatz als Schuldform. Während der Tatbestandsvorsatz als Verhaltensform von der irrigen Annahme einer rechtfertigenden Sachlage unberührt bleibe - da der Täter dennoch mit Wissen und Wollen die Tat begehe[100] - entfalle hingegen die Vorsatzschuld,[101] weil das dem Täter vorwerfbare Verhalten nicht in der vorsätzlichen Begehung der Tat, sondern lediglich in der möglicherweise fahrlässigen Annahme einer rechtfertigenden Sachlage liege.[102] Somit seien lediglich die Rechtsfolgen des § 16 Abs.1 StGB entsprechend heranzuziehen.[103] Auch hiernach käme letztlich eine Strafbarkeit des A wegen vorsätzlicher Tatbegehung analog § 16 Abs.1, Satz 1 StGB nicht in Betracht.

ee. Strenge Schuldtheorie

Nach der strengen Schuldtheorie wird durch das Vorliegen eines Rechtfertigungsgrundes ebenfalls nicht die Tatbestandsmäßigkeit, sondern nur die Rechtswidrigkeit der Tat ausgeschlossen, so dass folglich auch der Tatbestandsvorsatz von der irrigen Annahme der tatsächlichen Voraus-

---

[98] BGHSt 3, 105 (107), Urteil vom 6.6.1952.
[99] Kühl, Strafrecht, Allgemeiner Teil, § 13, Rdnr.73.
[100] Gropp, § 13, Rdnr.208 ff.
[101] Wessels/Beulke/Satzger, Rn.704.
[102] Gallas, in: Bockelmann - Festschrift, S.155 (171).
[103] Wessels/Beulke/Satzger, Rn.704.

setzungen eines Rechtfertigungsgrundes unberührt bleibe.[104] Anders als die vorgenannten Theorien kommt die strenge Schuldtheorie aber nicht zu dem Ergebnis, dass die Rechtsfolgen des § 16 Abs.1, Satz 1 StGB entsprechend anzuwenden seien. Vielmehr stelle die irrige Annahme des Vorliegens der tatsächlichen Voraussetzungen eines Rechtfertigungsgrundes einen Fall des Verbotsirrtums dar,[105] so dass nach der strengen Schuldtheorie in diesem Fall § 17 StGB zur Anwendung käme. Dieser sieht bei Unvermeidbarkeit des Irrtums einen Ausschluss der Schuld vor, während bei einem vermeidbaren Irrtum wegen vorsätzlichem Delikt bestraft wird, wobei allerdings die Möglichkeit einer Strafmilderung nach § 49 Abs.1 StGB besteht.

Entscheidend für die Strafbarkeit des A wäre hiernach also, ob er die irrige Annahme eines Angriffs durch J hätte vermeiden können. Von Vermeidbarkeit des Irrtums ist auszugehen, wenn der Täter bei „gehöriger Anspannung seines Gewissens"[106] seinen Irrtum hätte erkennen können, wobei für das Maß der Gewissensanspannung die Umstände des jeweiligen Falles und der Lebens- und Berufskreis des Täters maßgeblich sind.[107] Vorliegend hätte A bei etwas aufmerksamerer Beobachtung des Verhaltens von J erkennen können, dass dieser ihn nicht angreifen, sondern lediglich nach Feuer fragen wollte. Folglich war der Irrtum für A vermeidbar, so dass er nach der strengen Schuldtheorie wegen vorsätzlicher gefährlicher Körperverletzung nach §§ 223, 224 Abs.1, Nr.2 StGB strafbar wäre. Es käme lediglich eine Milderung der Strafe nach § 17 Satz 2 StGB in Betracht.

---

[104] Welzel, Das Deutsche Strafrecht, S.169.
[105] Welzel, Das Deutsche Strafrecht. S.169.
[106] BGHSt 2, 194 (201), Beschluss vom 18.3.1952.
[107] BGHSt 2, 194 (201), Beschluss vom 18.3.1952.

ff. Streitentscheid

Die dargestellten Ansichten kommen in diesem Fall zu unterschiedlichen Ergebnissen, so dass eine Entscheidung der Meinungsstreitigkeit erforderlich ist. Hierbei lässt sich zunächst feststellen, dass einzig die strenge Schuldtheorie im Ergebnis zu einer Strafbarkeit wegen vorsätzlicher gefährlicher Körperverletzung kommt. Alle anderen Auffassungen kommen letztlich - sei es durch direkte oder analoge Anwendung des § 16 Abs.1 StGB - lediglich zu einer möglichen Bestrafung wegen eines Fahrlässigkeitsdelikts nach § 16 Abs. 1, Satz 2 StGB.

Zu klären ist nun, welche dieser Lösungen vorzugswürdig ist. Für eine Anwendung des § 17 StGB spricht, dass für denjenigen, der um die Tatbestandsmäßigkeit seines Handelns weiß, ein Anlass besteht, sich vor Ausführung der Handlung zu vergewissern, dass die Voraussetzungen des Rechtfertigungsgrundes auch tatsächlich vorliegen. Hier liegt insofern ein Unterschied zu einem Täter, der sich in einem Tatbestandsirrtum nach § 16 Abs.1, Satz 1 StGB befindet und folglich gar nicht erkennt, dass sein Verhalten den Tatbestand erfüllt, so dass für ihn auch kein besonderer Grund besteht, sich Gedanken über sein Handeln zu machen.

Fraglich ist jedoch, ob dieser Unterschied auch geeignet ist, im Falle der irrigen Annahme eines Rechtfertigungsgrundes eine Bestrafung wegen der Begehung eines vorsätzlichen Delikts zu begründen. Fehlt dem Täter die Kenntnis hinsichtlich eines Merkmals des Tatbestands, so ist gemäß § 16 Abs.1, Satz 1 StGB vorsätzliches Handeln ausgeschlossen. Was bleibt ist der mögliche Vorwurf, dass der Täter hätte erkennen können, dass er durch sein Verhalten den Tatbestand verwirklicht. Dieser Vorwurf führt zu der in § 16 Abs.1, Satz 2 StGB vorgesehenen Strafbarkeit aus dem entsprechenden Fahrlässigkeitstatbestand. Wenn der Täter nun irrig vom Vorliegen der Voraussetzungen eines anerkannten Rechtfertigungsgrundes ausgeht und in dieser

Annahme einen gesetzlichen Tatbestand erfüllt, so liegt der ihm zu machende Vorwurf ebenfalls darin, dass er hätte erkennen können, dass in Wirklichkeit überhaupt keine rechtfertigende Sachlage bestand. Dieser Vorwurf ist aber nicht geeignet, eine Strafbarkeit wegen eines Vorsatzdelikts zu begründen, sondern entspricht vielmehr dem typischen Fall eines Fahrlässigkeitsdelikts. Diese Erwägungen zeigen, dass zwischen der irrigen Annahme eines Rechtfertigungsgrundes und dem Fall des Tatbestandsirrtums nach § 16 Abs.1, Satz 1 StGB durchaus Gemeinsamkeiten bestehen.

Eine weitere Übereinstimmung von Tatbestandsirrtum und Erlaubnistatbestandsirrtum ist darin zu sehen, dass der Täter in beiden Fällen einer Fehlvorstellung hinsichtlich der tatsächlichen Gegebenheiten unterliegt. Der Verbotsirrtum nach § 17 StGB hingegen regelt typischerweise gerade die Fälle einer rechtlichen Fehlbewertung bei zutreffender Einordnung des Sachverhalts. § 17 StGB ist somit gerade dann anwendbar, wenn die tatsächliche Rechtsordnung mit der Rechtsvorstellung des Täters nicht übereinstimmt. Dies ist aber bei einem Erlaubnistatbestandsirrtum nicht der Fall. Hier stimmt der Täter nämlich mit den gesetzlichen Wertungen überein und verhält sich gerade so, wie es das Gesetz bei Vorliegen der vorgestellten Situation vorsähe. Insofern weist der Erlaubnistatbestandsirrtum zu den Fällen des Verbotsirrtums nach § 17 StGB erhebliche Unterschiede auf, während eine stärkere Nähe zum Tatbestandsirrtum nach § 16 Abs.1, Satz 1 StGB zu erkennen ist. Insbesondere wird die nach § 16 Abs.1, Satz 2 StGB vorgesehene Fahrlässigkeitsstrafbarkeit dem Verhalten des im Erlaubnistatbestandsirrtum handelnden Täters sehr viel eher gerecht, als die in § 17 StGB bei Unvermeidbarkeit des Irrtums vorgesehene Vorsatzstrafe.

Diese Erwägungen sprechen folglich für eine Lösung über § 16 Abs.1 StGB. Zu bedenken ist jedoch, dass bei Anwendung des § 16 Abs.1 StGB auf die Fälle des Erlaubnistatbestandsirrtums Strafbarkeitslücken zu erwarten wären, da eine Bestrafung wegen vorsätzlicher Begehung hiernach ausgeschlossen wäre und nicht für alle Delikte auch ein Fahrlässigkeitstatbestand besteht. Allerdings wurden die Entscheidungen, für welche Tatbestände eine fahrlässige Begehung vorgesehen ist und für welche nicht, vom Gesetzgeber bewusst getroffen. Die sich aus dieser Entscheidung ergebenden Fälle der Straflosigkeit sind somit auch hinzunehmen. Demnach widersprechen auch diese Bedenken einer Anwendung des § 16 Abs.1 StGB nicht. Entgegen der strengen Schuldtheorie stellt der Erlaubnistatbestandsirrtum also keinen Fall des Verbotsirrtums nach § 17 StGB dar. Diese Auffassung ist somit abzulehnen.

Vorzuziehen ist eine Lösung über § 16 Abs.1 StGB, wobei letztlich dahinstehen kann, auf welche Theorie dieses Ergebnis zu stützen ist. Jedenfalls ist bei Vorliegen eines Erlaubnistatbestandsirrtums von einem **Ausschluss der Strafbarkeit aus dem vorsätzlichen Delikt in direkter oder analoger Anwendung des § 16 Abs.1, Satz 1 StGB** auszugehen.

5. Ergebnis

A hat sich somit durch den Angriff mit dem Elektroschocker nicht wegen vorsätzlicher gefährlicher Körperverletzung nach §§ 223, 224 Abs.1, Nr.2 StGB strafbar gemacht.

II. § 229 StGB

Allerdings könnte sich A wegen fahrlässiger Körperverletzung nach § 229 StGB strafbar gemacht haben. Daran ändert auch das Vorliegen des Erlaubnistatbestandsirrtums nichts, da § 16 Abs.1, Satz 2 StGB ausdrücklich klarstellt, dass die Strafbarkeit wegen fahrlässiger Begehung durch einen Irrtum nach § 16 Abs.1, Satz 1 StGB nicht berührt wird.

1. Tatbestand

A hat die Körperverletzung bei J kausal herbeigeführt. Weiterhin müsste A eine **objektive Sorgfaltspflichtverletzung** zur Last fallen. Diese könnte hier in der **irrigen Annahme des Vorliegens einer Rechtfertigungssituation** zu sehen sein. Von einer Sorgfaltspflichtverletzung ist auszugehen, wenn der Eintritt des Erfolgs objektiv vorhersehbar war und der Täter die im Verkehr erforderliche Sorgfalt außer Acht gelassen hat.[108]

Aus dem Verhalten des J und aus der gesamten Situation heraus war hier zu erkennen, dass J nicht auf A zuging, um ihn anzugreifen. Es ist demnach davon auszugehen, dass A bei seiner Einschätzung der Situation die erforderliche Sorgfalt außer Acht ließ.

Weiterhin war auch objektiv erkennbar, dass der aufgrund des Irrtums erfolgte Einsatz des Elektroschockers zu einer Verletzung des J führen würde. Demnach liegt hier eine objektive Sorgfaltspflichtverletzung vor, so dass A den Tatbestand einer fahrlässigen Körperverletzung nach § 229 StGB erfüllt hat.

2. Rechtswidrigkeit

Weiterhin handelte A auch **rechtswidrig**.

3. Schuld

Schließlich müsste das Verhalten des A auch **schuldhaft** gewesen sein. Dies setzt voraus, dass A ein **Fahrlässigkeitsschuldvorwurf** trifft. Ein solcher Vorwurf ist begründet, wenn der Täter nach seinen persönlichen Fähigkeiten dazu in der Lage war, „die objektive Sorgfaltspflicht zu erkennen und die sich daraus ergebenden Sorgfaltsanforderungen zu

---

[108] Wessels/Beulke/Satzger, Rn.939.

erfüllen."[109] Bei etwas genauerer Beobachtung der Situation wäre vorliegend auch für A erkennbar gewesen, dass J ihn nicht angreifen, sondern nur nach Feuer fragen wollte. Dementsprechend hätte A auch erkennen können, dass ein Einsatz des Elektroschockers nicht notwendig war. Die **Sorgfaltspflichtverletzung** war somit für A **subjektiv vorhersehbar und vermeidbar.** Er handelte demnach schuldhaft.

4. Ergebnis

Somit hat sich A aufgrund der irrigen Annahme einer Rechtfertigungssituation und dem daraus resultierenden Angriff mit dem Elektroschocker auf J wegen fahrlässiger Körperverletzung nach § 229 StGB strafbar gemacht. Gemäß § 230 StGB ist ein Strafantrag erforderlich, soweit die Verfolgung der Tat nicht im besonderen öffentlichen Interesse steht.

III. § 222 StGB

Außerdem könnte A eine fahrlässige Tötung nach § 222 StGB begangen haben.

1. Tatbestand

J ist auf der Fahrt ins Krankenhaus verstorben. Somit ist ein Erfolg i. S. d. § 222 StGB eingetreten. Dieser müsste durch A kausal und objektiv zurechenbar verursacht worden sein. Hätte A die Situation nicht falsch eingeschätzt und hätte er nicht infolgedessen den J mit seinem Elektroschocker angegriffen, so hätte J sich auch nicht an der Hand verletzt. Dann wiederum hätte er auch nicht ins Krankenhaus eingeliefert werden müssen und wäre demnach auch nicht auf

---

[109] Wessels/Beulke/Satzger, Rn.975.

der Fahrt dorthin tödlich verunglückt. Die Attacke durch A ist somit *äquivalent kausal* für den Tod des J.

Zweifel könnten jedoch an der *objektiven Zurechenbarkeit* des Erfolges bestehen. Im Erfolgseintritt müsste sich nämlich gerade die von A gesetzte Gefahr realisiert haben. Am Zurechnungszusammenhang fehlt es, wenn sich ein anderes Risiko verwirklicht, das außerhalb des Schutzzweckes der verletzten Norm liegt.[110] J ist hier an den Verletzungen gestorben, die er beim Unfall des Rettungswagens erlitten hat. Dieser Unfall ereignete sich, weil der Fahrer eines Lasters die Vorfahrt nicht beachtet hat. Realisiert hat sich somit das Risiko der Teilnahme am Straßenverkehr und nicht die Gefahr, die durch den Angriff des A entstanden ist. Der Erfolg ist dem A somit **objektiv nicht zuzurechnen**.

2. Ergebnis

A ist demnach nicht wegen fahrlässiger Tötung nach § 222 StGB strafbar.

B. Endergebnis

A hat sich gemäß § 229 StGB wegen fahrlässiger Körperverletzung strafbar gemacht.

---

[110] Haft, AT, S.56.

Fall 5: Leiden im Krankenhaus

▶ **Standort:** AT: (Mutmaßliche) Einwilligung, Beihilfe;
BT: Tötung auf Verlangen, ärztlicher Heileingriff

Dr. D betreibt eine private Klinik, in der hauptsächlich schwerkranke Menschen auf ihr baldiges Ende warten. In dieser Klinik liegt auch die 28-jährige A, die unheilbar an Krebs erkrankt ist. Sie leidet an starken Schmerzen und möchte ihrem Leben deshalb ein Ende setzen. Daher bittet sie ihren Freund F, ihr eine Packung Schlaftabletten zu besorgen, damit sie sich das Leben nehmen kann. Angesichts der aussichtslosen Lage der A erklärt sich F hierzu schließlich bereit. Er bringt die Tabletten mit und überreicht sie der A. Diese nimmt im Vollbesitz ihrer geistigen Kräfte eine Überdosis der Pillen ein. Nachdem F das Krankenhaus verlassen hat, schläft A ein und verstirbt aufgrund der Überdosis in der Nacht.

Auf einer anderen Station in der Klinik liegt der an Leukämie erkrankte L. Die Krankheit ist bereits im Endstadium und hat ihn körperlich sehr geschwächt, wobei L allerdings geistig keinerlei Beeinträchtigungen hat. Die Ärzte rechnen damit, dass L höchstens noch zwei Wochen zu Leben hat. In dieser Situation bittet er seinen Bruder B ihn zu erlösen. Er habe sich die Sache reiflich überlegt und sei zu dem Schluss gekommen, dass er nicht länger im Krankenhaus dahinsiechen wolle. Deshalb solle B ihn einfach nachts mit einem Kissen ersticken. B hat zwar Bedenken, respektiert aber letztlich den Willen seines Bruders. Noch in derselben Nacht drückt er dem L ein Kissen auf das Gesicht. L verstirbt infolge dessen.

Währenddessen hat Dr. D mit der Rettung des schwerverletzten Raubopfers O zu kämpfen. Der Mann wurde bewusstlos in die Klinik eingeliefert. Er schwebt in Lebensgefahr. Angesichts dieser bedrohlichen Lage verabreicht Dr. D ihm eine dringend benötigte Spritze, um den Kreislauf des Mannes zu stabilisieren und führt anschließend die überlebensnotwendige Operation durch, wobei mehrere Schnitte im Bauchraum vorgenommen werden. O überlebt die fachlich korrekt durchgeführte Operation und behält keine Schäden zurück.

Wie haben sich F, B und D nach dem StGB strafbar gemacht?

A. Strafbarkeit von F
I. §§ 212, 216 StGB
keine Tötungshandlung i. S. d. § 212 StGB, sondern Suizid

II. §§ 212, 27 StGB
Grundsatz der limitierten Akzessorietät, keinetatbestandsmäßige Haupttat

III. § 323 c StGB
nicht strafbar, da freiverantwortlicher Selbsttötungsversuch (Begründung umstritten)

B. Strafbarkeit von B
I. §§ 212, 216 StGB
1. Objektiver Tatbestand: Tötung eines anderen Menschen auf dessen ausdrückliche und ernstliche Aufforderung hin; (P) straflose Sterbehilfe? Nein, da aktive, auf Tötung gerichtete Handlung!
2. Subjektiver Tatbestand: Vorsatz hins. Tötung und privilegierender Umstände
3. Rechtswidrigkeit: Einwilligungssperre durch § 216 StGB
4. Schuld
5. Ergebnis: B ist strafbar nach §§ 212, 216 StGB.

II. §§ 223, 224 I, Nr. 2, 5 StGB
keine Strafbarkeit nach §§ 223, 224 I, Nr. 2, 5 StGB; „Sperrwirkung der Privilegierung"

C. Strafbarkeit von D
I. §§ 223, 224 I, Nr. 2 StGB
1. Objektiver Tatbestand: (P) Tatbestandsmäßigkeit des ärztlichen Heileingriffs; Skalpell / Spritze in der Hand des Arztes kein gefährl. Werkzeug, da kein Einsatz als Angriffs-/ Verteidigungsmittel
2. Subjektiver Tatbestand: Vorsatz
3. Rechtswidrigkeit: D ist durch mutmaßliche Einwilligung des O gerechtfertigt.

II. Ergebnis: D ist nicht strafbar nach §§ 223, 224 I, Nr. 2 StGB.

D. Endergebnis
F und D bleiben straflos, B ist strafbar nach §§ 212, 216 StGB.

A. Strafbarkeit von F

I. §§ 212, 216 StGB

F könnte sich gemäß §§ 212, 216 StGB wegen Tötung auf Verlangen strafbar gemacht haben, indem er A eine Packung Schlaftabletten verschafft hat, damit diese sich töten kann.

1. Objektiver Tatbestand

Zunächst müsste F die A getötet haben, d. h. es müsste eine Tötungshandlung i. S. d. § 212 StGB durch F vorliegen. Dies ist hier insofern zweifelhaft, als A die zum Tode führenden Schlaftabletten selbst eingenommen hat, nachdem F ihr die Pillen übergeben hatte. Es ist insofern abzugrenzen, ob hier eine **Fremdtötung** oder eine **Selbsttötung** vorliegt. **Maßgeblich für** diese **Abgrenzung** ist, wer die **Tatherrschaft** innehat. Wenn die Tatherrschaft über die Tötungshandlung beim freiverantwortlich handelnden Suizidenten liegt, so scheidet die Täterschaft eines anderen aus.[111] Freiverantwortlich in diesem Sinne handelt nach der herrschenden Einwilligungslösung, wer unter Zugrundelegung der Einwilligungsregeln eine ernstliche Entscheidung zur Selbsttötung trifft.[112]

Da sich A hier im Vollbesitz ihrer geistigen Kräfte befand, ist von der Ernstlichkeit ihrer Entscheidung zur Beendigung ihres Lebens auszugehen. Weiterhin nahm A die Tabletten

---

[111] Rengier, BT II, § 8, Rn.8.
[112] Rengier, BT II, § 8, Rn.4.

selbst ein, so dass der unmittelbar lebensbeendende Akt von ihr ausging. Somit hatte A hier die Tatherrschaft über die Tötungshandlung. F hat folglich **keine Tötungshandlung i. S. d. § 212 StGB** vorgenommen und den objektiven Tatbestand somit nicht erfüllt.

2. Ergebnis

F hat sich nicht nach §§ 212, 216 StGB wegen Tötung auf Verlangen strafbar gemacht.

II. §§ 212, 27 StGB

F könnte sich jedoch der Beihilfe zum Totschlag nach §§ 212, 27 StGB strafbar gemacht haben, indem er A eine Packung mit Schlaftabletten verschafft hat. Nach dem in § 27 StGB niedergelegten **Grundsatz der limitierten Akzessorietät** müsste hierfür zunächst eine tatbestandsmäßige, rechtswidrige Haupttat vorliegen. Ein **Suizid** stellt jedoch **keine tatbestandsmäßige Haupttat** dar, so dass auch die Teilnahme hieran demzufolge nicht tatbestandsmäßig und somit straflos ist.[113] Somit hat sich F durch das Überreichen der Schlaftabletten an A nicht gemäß §§ 212, 27 StGB strafbar gemacht.

III. § 323 c StGB

Jedoch könnte sich F einer unterlassenen Hilfeleistung gemäß § 323 c StGB schuldig gemacht haben, indem er das Krankenzimmer der A ohne Hilfe zu holen verließ, nachdem diese eine Überdosis Schlaftabletten eingenommen hatte. § 323 c StGB setzt das Vorliegen eines Unglücksfalles voraus. Ob auch ein Suizidversuch einen Unglücksfall darstellt, wird unterschiedlich beurteilt. Nach einer Auffassung ist ein freiverantwortlicher Selbsttötungsversuch kein Unglücksfall i.

---

[113] Haft, BT II, S.117.

S. d. § 323 c StGB.[114] Hiernach käme eine Bestrafung des F nach dieser Vorschrift somit nicht in Betracht. Eine andere Ansicht sieht demgegenüber jeden Selbsttötungsversuch als Unglücksfall an, schränkt die Strafbarkeit nach § 323 c StGB jedoch aufgrund von Zumutbarkeitserwägungen ein, insbesondere wenn der Suizident die Tatherrschaft über das Geschehen hat.[115] Da A im vorliegenden Fall das Geschehen beherrschte, wäre F auch nach dieser Ansicht nicht wegen unterlassener Hilfeleistung zu bestrafen. Die beiden Meinungen kommen hier somit letztlich zum gleichen Ergebnis. Eine Entscheidung des Streitstandes ist daher nicht nötig. F hat sich nicht nach § 323 c StGB strafbar gemacht.

B. Strafbarkeit von B

I. §§ 212, 216 StGB

B könnte sich nach §§ 212, 216 StGB wegen Tötung auf Verlangen strafbar gemacht haben, indem er L ein Kissen auf das Gesicht gedrückt hat.

1. Objektiver Tatbestand

B hat hierdurch kausal und objektiv zurechenbar den **Tod** des L **herbeigeführt**, so dass der objektive Tatbestand des Totschlags nach § 212 StGB verwirklicht ist. Jedoch könnte hier eine **Privilegierung nach § 216 StGB** vorliegen, wenn B durch das ausdrückliche und ernsthafte Verlangen des L zur Tötung bestimmt wurde. Ein **ausdrückliches und ernsthaftes Verlangen** liegt vor, wenn das Opfer seinen Tod ernstlich begehrt und diesen Willen auch unmissverständlich geäußert hat.[116] Ein ernstliches Verlangen setzt voraus, dass der Verlangende dazu in der Lage ist, die Reichweite seiner Entscheidung einzusehen und dass die Entscheidung

---
[114] Schönke/Schröder, § 323 c, Rn.7.
[115] Rengier, BT II, § 8, Rn.19/20.
[116] Küper/Zopfs, BT, Rn.622.

ohne wesentliche Willensmängel getroffen wurde.[117] Im vorliegenden Fall hat L klar und eindeutig geäußert, dass er nicht länger im Krankenhaus dahinsiechen wolle und hat B ausdrücklich gebeten, ihn zu ersticken. Insofern liegt ein ausdrückliches Verlangen des L vor. Auch an der Ernsthaftigkeit bestehen hier keine Bedenken, da L sich die Sache reiflich überlegt hat und sich zudem auch geistig in einem einwandfreien Zustand befand. Insofern ist davon auszugehen, dass L sich der Reichweite seiner Entscheidung sehr wohl bewusst war und dass er die Entscheidung auch ohne Willensmängel getroffen hat, so dass ein ernsthaftes Verlangen i. S. d. § 216 StGB vorliegt.

Weiterhin müsste B durch das Verlangen des L zur Tötung *bestimmt* worden sein. Das Merkmal des Bestimmens ist hierbei identisch mit dem Bestimmen i. S. d. § 26 StGB[118], d. h. der Entschluss zur Tötung müsste durch das Verlangen des Opfers hervorgerufen worden sein. Hier tötete B den L, nachdem dieser ihn darum gebeten hatte, seinem Leiden ein Ende zu setzen. Erst durch die Bitte des L wurde in ihm der Tötungsentschluss geweckt, so dass B hier durch das Tötungsverlangen des L zur Tat bestimmt wurde. Somit läge hiernach der objektive Tatbestand einer Tötung auf Verlangen nach § 216 StGB vor.

Jedoch käme hier ein Fall strafloser Sterbehilfe in Betracht, da sich die Krankheit bei L bereits im Endstadium befand und mit seinem Ableben in nächster Zeit zu rechnen war. Allerdings kommt in diesen Fällen **nur** dann eine **Straflosigkeit** in Betracht, **wenn** es sich um einen Fall **passiver Sterbehilfe** handelt, d. h. wenn eine Tötung durch Unterlassen vorliegt.[119] Sterbehilfe durch aktives Tun ist hingegen stets als tatbestandsmäßige Tötungshandlung anzusehen,

---

[117] Küper/Zopfs, BT, Rn.622.
[118] Haft, AT, S.124.
[119] bzgl. Vorraussetzungen der straflosen der passiven Sterbehilfe siehe: Gössel/Dölling, § 2, Rn.45ff.

sofern sie auf eine Lebensverkürzung gerichtet ist.[120]Hier hat B den L mit einem Kissen erstickt, also durch eine aktive Handlung getötet. Demnach liegt vorliegend kein Fall von strafloser Sterbehilfe vor. Der objektive Tatbestand einer Tötung auf Verlangen nach §§ 212, 216 StGB ist verwirklicht.

2. Subjektiver Tatbestand

Weiterhin müsste B auch den subjektiven Tatbestand der §§ 212, 216 StGB erfüllt haben. Dafür müsste er **vorsätzlich** gehandelt haben. Vorsatz bezeichnet den Willen zur Verwirklichung eines gesetzlichen Tatbestandes in Kenntnis aller seiner Umstände.[121] B wollte dem L das Kissen auf sein Gesicht drücken und ihn hierdurch töten. Hierbei wusste er um das ausdrückliche und ernstliche Todesverlangen des L und handelte auch, um diesem Verlangen zu entsprechen. Demnach hatte B Vorsatz hinsichtlich aller Merkmale des objektiven Tatbestandes und hat folglich den subjektiven Tatbestand einer Tötung auf Verlangen nach §§ 212, 216 StGB erfüllt.

3. Rechtswidrigkeit

Außerdem müsste das Verhalten des B auch **rechtswidrig** gewesen sein. Hier könnte eine rechtfertigende Einwilligung des L vorgelegen haben. Allerdings wirkt eine Einwilligung nur dann rechtfertigend, wenn der Einwilligende über das betroffene Rechtsgut überhaupt frei verfügen kann.[122] **§ 216 StGB enthält** jedoch eine **verbindliche Einwilligungssperre, die eine Einwilligung in die vorsätzliche, aktive Fremdtötung ausschließt.**[123] Somit kommt der von L gegenüber B geäußerten ausdrücklichen und ernsthaften Aufforderung zur Tötung keine rechtfertigende Wirkung zu.

---

[120] Gössel/Dölling, § 2, Rn.39.
[121] Baumann/Weber/Mitsch/Eisele, § 11, Rn.8.
[122] Haft, AT, S.75.
[123] Haft, AT, S.75.

Da auch sonst keine Rechtfertigungsgründe zugunsten des B eingreifen, war sein Verhalten demzufolge rechtswidrig.

4. Schuld

B handelte auch **schuldhaft**.

5. Ergebnis

B hat sich wegen Tötung auf Verlangen nach §§ 212, 216 StGB strafbar gemacht, indem er dem L ein Kissen auf das Gesicht drückte, bis dieser verstarb.

II. §§ 223, 224 I Nrn. 2, 5 StGB

Daneben könnte sich B durch dieselbe Handlung auch wegen gefährlicher Körperverletzung nach §§ 223, 224 I, Nrn.2, 5 StGB strafbar gemacht haben. Jedoch tritt hier eine **„Sperrwirkung der Privilegierung"** ein, d. h. der Rückgriff auf die qualifizierte Körperverletzung ist angesichts der höheren Strafandrohung ausgeschlossen.[124] Somit wird B nicht aus §§ 223, 224 I, Nrn.2, 5 StGB bestraft.

C. Strafbarkeit von D

I. §§ 223, 224 I Nr.2 StGB

D könnte sich durch das Setzen der Spritze und durch die Durchführung der Operation wegen gefährlicher Körperverletzung an O gemäß §§ 223, 224 I Nr.2 StGB strafbar gemacht haben.

---

[124] Haft, BT II, S.125.

1. Objektiver Tatbestand

Zunächst müsste D den A körperlich misshandelt oder an der Gesundheit geschädigt haben. Eine **körperliche Misshandlung** ist eine üble, unangemessene Behandlung, die das körperliche Wohlbefinden oder die körperliche Unversehrtheit nicht nur unerheblich beeinträchtigt.[125] Eine **Gesundheitsschädigung** ist das Hervorrufen oder Steigern eines krankhaften Zustands.[126] Grundsätzlich stellt sowohl der Stich mit einer Injektionsnadel, als auch das Aufschneiden des Bauchraumes eine üble, unangemessene Behandlung dar. Außerdem führen derartige Handlungen auch zu einem krankhaften Zustand, so dass von einer Verwirklichung des objektiven Tatbestands des § 223 StGB auszugehen wäre.

Umstritten ist jedoch, ob dies auch gilt, wenn es sich bei der „Verletzungshandlung" um einen **ärztlichen Heileingriff** handelt:

> ➤ Nach einer Auffassung ist in diesen Fällen der objektive Tatbestand nicht erfüllt, wenn sich der Gesamtzustand des Patienten durch die Handlung gerade verbessert.[127] Da O hier durch die Spritze und die anschließende Operation gerettet wurde, läge somit nach dieser Ansicht keine tatbestandsmäßige Handlung i. S. d. § 223 StGB vor.

> ➤ Die Gegenauffassung geht demgegenüber davon aus, dass der ärztliche Heileingriff - unabhängig von seiner medizinischen Notwendigkeit und von seinem Erfolg - jeder anderen Körperverletzungshandlung gleichsteht.[128] Hiernach hätte folglich auch Dr. D

---

[125] Haft, BT II, S.145.
[126] Haft, BT II, S.145.
[127] Schönke/Schröder, § 223, Rn.32.
[128] BGHSt 11, 111 (114), Urteil vom 28.11.1957.

durch das Setzen der Spritze und die anschließende Operation den Tatbestand des § 223 StGB erfüllt.

Da die beiden Auffassungen vorliegend zu verschiedenen Ergebnissen führen, ist eine Entscheidung des Streitstandes notwendig. Für erstgenannte Ansicht lässt sich anführen, dass eine Handlung, die den Gesundheitszustand insgesamt verbessert, begrifflich kaum als Misshandlung verstanden werden kann. Andererseits ist jedoch zu berücksichtigen, dass bei der Frage, ob ein Tatbestand verwirklicht ist, grundsätzlich die konkrete Tathandlung zu betrachten ist. Auch bei ärztlichen Heileingriffen ist diese konkrete Handlung eine gesundheitsschädigende Handlung, so dass der Tatbestand erfüllt wäre. Es ist nicht ersichtlich, warum dieses Ergebnis durch eine Art „Gesamtbetrachtung" korrigiert werden soll.

Vor allem aber ist zu berücksichtigen, dass das *Selbstbestimmungsrecht der Patienten* ausgehöhlt wird, wenn ärztliche Heileingriffe bereits aus dem Tatbestand der Körperverletzung ausgenommen werden. Aus diesen Gründen ist der zweiten Auffassung zu folgen. Ein ärztlicher Heileingriff erfüllt den objektiven Tatbestand einer Körperverletzung nach § 223 StGB. Somit hat Dr. D durch das Setzen der Spritze und durch die Vornahme der Operation § 223 StGB objektiv verwirklicht.

Weiterhin könnte er die Verletzung mittels eines **gefährlichen Werkzeugs** i. S. d. § 224 I Nr.2 StGB begangen haben. Ein gefährliches Werkzeug ist ein beweglicher Gegenstand der nach seiner Beschaffenheit und nach der Art seiner Verwendung als Angriffs- oder Verteidigungsmittel im konkreten Fall geeignet ist, erhebliche Verletzungen hervorzurufen.[129] Vorliegend setzte D zum einen eine Spritze, zum anderen im Rahmen der Operation ein Skalpell ein. Sowohl bei einer Spritze, als auch bei einem Skalpell, handelt es sich um Gegenstände, die grundsätzlich geeignet sind,

---

[129] Küper/Zopfs, BT, Rn.782.

erhebliche Verletzungen hervorzurufen. Jedoch fehlt einem ärztlichen Instrument in der Hand eines Arztes die Eigenschaft als Angriffs- oder Verteidigungsmittel.[130] Somit hat Dr. D die durch den Einsatz der Spritze und des Skalpells die Qualifikation des § 224 I, Nr.2 StGB nicht erfüllt. Es bleibt bei der Verwirklichung des objektiven Tatbestands des § 223 StGB.

2. Subjektiver Tatbestand

Diesbezüglich müsste D auch mit Vorsatz gehandelt haben. Er war sich hier der Tatsache bewusst, dass der Einsatz der Spritze und des Skalpells zu einer Verletzung des O führen würden. Demnach handelte D vorsätzlich.

3. Rechtswidrigkeit

D müsste außerdem auch **rechtswidrig** gehandelt haben. Er könnte hier jedoch aufgrund einer **mutmaßlichen Einwilligung** des O gerechtfertigt sein. Eine Rechtfertigung aufgrund einer mutmaßlichen Einwilligung kommt nur in Betracht, wenn zum einen *keine tatsächliche Einwilligung* vorliegt, zum anderen aber auch *kein entgegenstehender Wille* des betroffenen Rechtsgutsinhabers vorliegt.[131]

Eine tatsächliche Einwilligung durch O konnte vorliegend nicht erfolgen, da er bewusstlos eingeliefert wurde. Auch einen entgegenstehenden Willen konnte er somit nicht äußern. In den Fällen, in denen eine Befragung des Rechtsgutsinhabers nicht möglich ist, ist eine mutmaßliche Einwilligung nur dann anzunehmen, wenn die Handlung dem materiellen Interesse des Betroffenen entspricht.[132] Hier entsprach es dem Interesse des O, dass Dr. D ihm die stabilisierende Spritze gab und die lebensnotwendige Operation durchführte.

---

[130] Haft, AT, S.148.
[131] Haft, AT, S.81.
[132] Haft, AT, S.81.

Weiterhin müssten im Übrigen die Voraussetzungen einer Einwilligung vorliegen, d. h. der Betroffene müsste über das Rechtsgut verfügen können, er müsste einwilligungsfähig sein, die Einwilligung müsste ernstlich gemeint sein und dürfte keinen Willensmängeln unterliegen und die Verletzungshandlung müsste sich im Rahmen der Einwilligung halten.[133]

Das Rechtsgut der körperlichen Unversehrtheit stand zur **Disposition** des O.

Fraglich ist, ob O auch **einwilligungsfähig** war. Einwilligungsfähigkeit setzt voraus, dass der Betroffene die Tragweite des Rechtsgutsverzichts richtig einschätzen kann.[134] Hier ist davon auszugehen, dass O die Tragweite der Entscheidung zur Durchführung der Operation hätte abschätzen können, wenn er bei Bewusstsein gewesen wäre, so dass von seiner Einwilligungsfähigkeit auszugehen ist.

Weiterhin ist auch anzunehmen, dass er die Einwilligung **ernstlich und frei von Willensmängeln** erklärt hätte, wenn er bei Bewusstsein gewesen wäre. Schließlich hielt sich die von D vorgenommene Handlung auch im Rahmen dessen, was von der mutmaßlichen Einwilligung gedeckt war.

Somit lagen die objektiven Voraussetzungen, die für eine Einwilligung erforderlich gewesen wären, hier vor.

Schließlich müsste D auch das **subjektive Rechtfertigungselement** der mutmaßlichen Einwilligung erfüllen. Subjektiv ist im Rahmen der mutmaßlichen Einwilligung erforderlich, dass der Täter in Kenntnis der Umstände handelt und die Umstände, die für die Ermittlung des mutmaßlichen Willens des Betroffenen bedeutsam sind, gewissenhaft prüft.[135]

---

[133] Übersicht bei Haft, AT, S.73 ff.
[134] Haft, AT, S.78.
[135] Haft, AT, S.82.

Dr. D wusste um die lebensbedrohliche Lage für O. Die für O bestehende Lebensgefahr sprach dafür, dass dieser mit dem Eingriff einverstanden sein würde. Es ist somit davon auszugehen, dass D die Umstände, die für die Entscheidung des Betroffenen maßgeblich sind, hinreichend geprüft hat und aufgrund dieser Prüfung die Entscheidung zur Durchführung der Eingriffe getroffen hat. Demnach lag bei D auch das subjektive Rechtfertigungselement vor. Er ist demnach aufgrund einer mutmaßlichen Einwilligung des O **gerechtfertigt**.

II. Ergebnis

Dr. D hat sich durch das Setzen der Spritze und durch die Vornahme der Operation nicht wegen Körperverletzung nach § 223 StGB strafbar gemacht.

D. Endergebnis

B hat sich gemäß §§ 212, 216 StGB wegen Tötung auf Verlangen strafbar gemacht, indem er seinen Bruder L auf dessen Aufforderung hin mit einem Kissen erstickte. F und D bleiben hingegen straflos.

Fall 6: Betrunken und verlogen

▸ **Standort:** BT: Falschaussage, Strafvereitelung, Gefährdung des Straßenverkehrs, unerlaubtes Entfernen vom Unfallort

B hat mal wieder Ärger mit dem Gesetz. Wegen Körperverletzung steht er vor dem Amtsgericht. Alles sieht nach einer Verurteilung des B aus, bis dessen Kumpel A in den Zeugenstand tritt um ihn "zu retten" und bewusst wahrheitswidrig aussagt, dass er zum fraglichen Zeitpunkt mit B unterwegs gewesen sei und dieser sich gar nicht am Tatort befunden haben könne. Dabei geht A zutreffend davon aus, dass B die Körperverletzung begangen hat. B wird aufgrund der Aussage des A schließlich freigesprochen. A wurde nicht vereidigt.

Am selben Abend wollen A und B die guten Neuigkeiten gebührend zu feiern und trinken gemeinsam einen Kasten Bier aus. Bester Laune beschließen sie, noch in die Diskothek zu fahren, um "einen drauf zu machen". A gibt B zu verstehen, dass er zwar "mächtig hacke" sei, schlägt aber dennoch vor, mit dem Auto zu fahren. Er sei ein guter Fahrer und fühle sich "topfit". Außerdem habe er sich gerade "eine geile Kiste" von C geliehen. Die könne man ja nehmen, es werde schon alles gut gehen. B ist einverstanden. A setzt sich hinter das Steuer von C's Wagen und fährt gemeinsam mit B los. Angesichts seines Alkoholpegels hat er den Wagen jedoch nicht unter Kontrolle und prallt in einer Kurve gegen einen geparkten Mercedes. „Das war wohl doch ein Bier zu viel", denkt sich A, steigt aus und stellt eine große Beule an der Fahrertür des Mercedes fest. Auch der von A gefahrene Wagen ist am Kotflügel erheblich beschädigt. Da er sich jedoch die Partystimmung nicht verderben lassen will und da niemand in der Nähe ist, steigt er wieder ein und fährt weiter. Wenig später wird er von einer Polizeistreife angehalten.

Der Alkoholtest ergibt 1,6 Promille. Auch für B laufen die Dinge in der Folgezeit weniger gut. Das Verfahren wegen Körperverletzung wird zwei Monate später wieder aufgenommen, nachdem belastende Aussagen von zwei neuen Zeugen aufgetaucht sind. In dieser Situation widerruft auch A seine ursprüngliche Aussage und gibt nun vor Gericht wahrheitsgemäß an, A an dem fraglichen Abend nicht gesehen zu haben. B wird schließlich wegen Körperverletzung verurteilt.

Strafbarkeit des A?

A. Strafbarkeit von A
I. § 153 StGB
1. Objektiver Tatbestand: Falschaussage vor einer zur eidlichen Vernehmung zuständigen Stelle
2. Subjektiver Tatbestand: Vorsatz
3. Rechtswidrigkeit
4. Schuld
5. Keine Aussageberichtigung nach § 158 StGB, weil verspätet
6. Ergebnis: A ist strafbar nach § 153 StGB.

II. § 258 I StGB
1. Objektiver Tatbestand: Bestrafung verhindert, Verzögerung von etwa zwei Wochen ausreichend für Vollendung
2. Subjektiver Tatbestand: zum. Eventualvorsatz hinsichtlich Vortat und absichtliches oder wissentliches Vereiteln der Bestrafung
3. Rechtswidrigkeit
4. Schuld
5. keine persönlichen Strafausschließungsgründe nach §§ 258 V, VI StGB
6. Ergebnis: A ist strafbar nach § 258 I StGB.

III. § 315 c I, Nr. 1 a, III StGB
1. Objektiver Tatbestand: Fahrzeug in fahruntüchtigem Zustand im Straßenverkehr geführt und konkrete Gefahr für Leib und Leben anderer Menschen und Sache von bedeutendem Wert geschaffen
2. Subjektiver Tatbestand: kein Vorsatz hinsichtlich Fahruntüchtigkeit, A fühlte sich „topfit"; auch hinsichtlich Gefährdung kein Vorsatz; gemäß § 315 c III StGB ist aber auch fahrlässiges Handeln und fahrlässige Verursachung der Gefahr strafbar
3. Rechtswidrigkeit: (P) Einwilligung in Gefährdung möglich?
4. Schuld: keine Einschränkung der Schuldfähigkeit nach § 21 StGB
5. Ergebnis: A ist strafbar nach §§ 315 c I, Nr. 1 a, III StGB.

IV. § 316 II StGB durch die Fahrt bis zum Unfall
gesetzlich subsidiär, da die Tat bereits nach § 315 c StGB strafbar ist

V. § 142 I, Nr. 2 StGB
1. Objektiver Tatbestand: Beteiligung an Unfall im öffentlichen Straßenverkehr und Entfernung vom Unfallort vor Ermöglichung von Feststellungen
2. Subjektiver Tatbestand: Vorsatz hins. Unfall und eigener Beteiligung
3. Rechtswidrigkeit
4. Schuld

VI. § 316 I StGB durch die Weiterfahrt nach dem Unfall
selbständige Tat, da neuer Fahrtentschluss nach Unfall; subjektiver Tatbestand: Vorsatz, da sich A nunmehr seiner Fahruntüchtigkeit bewusst ist; A ist strafbar nach § 316 I StGB.

B. Endergebnis / Konkurrenzen
A ist strafbar nach §§ 153, 258 I; 52 StGB; hierzu in Tatmehrheit steht § 315 c I, Nr. 1 a, III StGB. Außerdem Strafbarkeit nach §§142 I, Nr. 2, 316 I; 52 StGB. Zu den vorgenannten Taten stehen diese Delikte in Tatmehrheit nach § 53 StGB.

A. Strafbarkeit von A

I. § 153 StGB

A könnte sich gemäß § 153 StGB wegen uneidlicher Falschaussage strafbar gemacht haben, indem er im Gerichtsverfahren gegen B angegeben hat, zum Zeitpunkt der vermeintlichen Tatbegehung mit B unterwegs gewesen zu sein.

1. Objektiver Tatbestand

A müsste vor Gericht oder vor einer zur eidlichen Vernehmung zuständigen Stelle als Zeuge **falsch ausgesagt** haben. Vorliegend stand A als Zeuge vor Gericht. Im Rahmen dieser Vernehmung müsste er falsche Angaben gemacht haben. Die Frage, wann eine falsche Aussage vorliegt, wird unterschiedlich beantwortet:

> Nach der objektiven Theorie liegt eine Falschaussage vor, wenn die Aussage nicht mit der objektiven Wahrheit übereinstimmt.[136]

> Demgegenüber ist nach der subjektiven Theorie eine Falschaussage anzunehmen, wenn die Angaben von der Vorstellung und dem Wissen des Aussagenden abweichen, unabhängig davon ob sie objektiv der Wahrheit entsprechen.[137]

In diesem Fall war die Aussage des A sowohl objektiv, als auch nach seiner Vorstellung, unrichtig, so dass nach beiden Ansichten eine falsche Aussage vorliegt. Eine Entscheidung des Streitstandes kann hier somit unterbleiben. Der Verwirklichung des Tatbestandes steht auch nicht entgegen, dass sich A in einem späteren Wiederaufnahmeverfahren in derselben Sache wahrheitsgemäß geäußert hat. Spätestens mit dem Ende der Verhandlung in der jeweiligen Instanz ist das Delikt vollendet.[138] A hat somit den objektiven Tatbestand des § 153 StGB durch die wahrheitswidrigen Angaben im ersten Verfahren erfüllt.

2. Subjektiver Tatbestand

Diesbezüglich müsste er auch **vorsätzlich** gehandelt haben. Vorsatz bezeichnet den Willen zur Verwirklichung eines gesetzlichen Tatbestandes in Kenntnis aller seiner Umstände.[139] Hier hat A bewusst die Unwahrheit ausgesagt, so dass bei ihm der Vorsatz zu einer Falschaussage vorlag. Folglich hat er den subjektiven Tatbestand erfüllt.

3. Rechtswidrigkeit

Da hier keine Rechtfertigungsgründe zugunsten von A eingreifen, war sein Verhalten auch **rechtswidrig**.

---

[136] BGHSt 7, 147 (148), Urteil vom 16.12.1954.
[137] OLG Bremen NJW 1960, 1827 (1828), Urteil vom 17.2.1960.
[138] Rengier, BT II, § 49, Rn.15.
[139] Baumann/Weber/Mitsch/Eisele, § 11, Rn.8.

4. Schuld

Außerdem handelte A auch **schuldhaft**.

5. Aussageberichtigung, § 158 StGB

Das Gericht hätte jedoch die Möglichkeit, die Strafe des A zu mildern oder ganz von einer Strafe abzusehen, falls A seine Aussage *rechtzeitig berichtigt* hat. Dies könnte hier dadurch geschehen sein, dass A im Rahmen des erneuten Verfahrens gegen B seine Angaben korrigiert und nunmehr richtig ausgesagt hat.

Fraglich ist jedoch, ob diese Aussagberichtigung noch *rechtzeitig* erfolgt ist. Nach § 158 II StGB ist die Berichtigung verspätet, wenn sie bei der Entscheidung nicht mehr berücksichtigt werden kann. Eine Verspätung liegt bereits vor, wenn die Berichtigung bei der letzten Sachentscheidung in der jeweiligen Instanz nicht berücksichtigt werden kann.[140]

Hier korrigierte A seine Angabe erst im späteren Wiederaufnahmeverfahren. Im Rahmen der ersten Verhandlung konnte dies nicht mehr berücksichtigt werden. Demnach war die Berichtigung der Aussage verspätet, so dass § 158 StGB nicht zugunsten von A eingreift.

6. Ergebnis

A ist wegen der Abgabe der falschen Aussage vor Gericht gemäß § 153 StGB strafbar.

II. § 258 I StGB

Durch dieselbe Handlung könnte sich A außerdem wegen Strafvereitelung gemäß § 258 I StGB strafbar gemacht haben.

---

[140] Rengier, BT II, § 49, Rn.51.

1. Objektiver Tatbestand

Dann müsste A ganz oder zum Teil verhindert haben, dass ein anderer wegen einer begangenen Straftat dem Strafgesetz gemäß bestraft wird. Vorliegend hat B eine Körperverletzung begangen, eine Straftat i. S. d. § 258 StGB liegt somit vor. A müsste eine **Bestrafung** des B wegen dieser Tat **verhindert** haben. Die Bestrafung ist "ganz vereitelt", wenn der Täter zumindest für einen erheblichen Zeitraum der Bestrafung entzogen wird, wobei ein solcher erheblicher Zeitraum ab etwa zwei Wochen beginnt.[141] Aufgrund der Aussage des A wurde B im ersten Verfahren freigesprochen. Erst im Wiederaufnahmeverfahren, welches erst zwei Monate später begann, wurde B letztlich verurteilt. Somit hat A durch seine Aussage den Täter B für einen erheblichen Zeitraum der Bestrafung entzogen und somit das Tatbestandsmerkmal "ganz vereiteln" i. S. d. § 258 I StGB erfüllt. Der objektive Tatbestand einer Strafvereitelung liegt demnach vor.

2. Subjektiver Tatbestand

In subjektiver Hinsicht verlangt § 258 StGB zum einen mindestens **Eventualvorsatz hinsichtlich der strafbaren Vortat**, zum anderen **absichtliches oder wissentliches Handeln bezüglich der Vereitelung der Bestrafung**. A ging davon aus, dass B eine Körperverletzung begangen hatte, so dass bei ihm diesbezüglich Eventualvorsatz vorlag. Gerade um zu verhindern, dass B wegen dieser Tat bestraft wird, machte er vor Gericht falsche Angaben, so dass diesbezüglich von Absicht auszugehen ist. Auch der subjektive Tatbestand einer Strafvereitelung ist demzufolge gegeben.

3. Rechtswidrigkeit

Da keine Rechtfertigungsgründe eingreifen, war das Verhalten von A **rechtswidrig**.

---

[141] Rengier, BT I, § 21, Rn.8.

4. Schuld

Ebenso handelte er auch **schuldhaft**.

5. Persönl. Strafausschließungsgründe, § 258 V,VI StGB

Schließlich liegen auch keine persönlichen Strafausschließungsgründe nach § 258 V, VI StGB vor, da A weder handelte, um zugleich eine eigene Bestrafung zu verhindern (Abs. V), noch die Tat zugunsten eines Angehörigen (Abs. VI) beging.

6. Ergebnis

Folglich hat sich A durch die falsche Aussage vor Gericht wegen Strafvereitelung nach § 258 I StGB strafbar gemacht.

III. § 315 c I Nr.1a, III StGB

A könnte sich außerdem wegen Gefährdung des Straßenverkehrs nach § 315 c I, Nr.1 a, III StGB strafbar gemacht haben, indem er in alkoholisiertem Zustand mit einem Auto gefahren ist und dabei eine Kollision mit einem geparkten Pkw verursacht hat.

1. Objektiver Tatbestand

Dann müsste A ein **Fahrzeug im Straßenverkehr geführt** haben, obwohl er infolge des Genusses alkoholischer Getränke oder anderer berauschender Mittel nicht in der Lage war, dieses sicher zu führen. Unter den Begriff des Fahrzeuges fallen grundsätzlich alle Fahrzeuge, nicht nur Kraftfahrzeuge.[142] Ein Führen des Fahrzeugs liegt mit dem Anrollen der Räder vor.[143]

---

[142] Rengier, BT II, § 43, Rn.3.
[143] BGHSt 35, 390 (393), Beschluss vom 27.10.1988.

Der Begriff des Straßenverkehrs umfasst alle Vorgänge, die im öffentlichen Verkehrsraum stattfinden.[144] Vorliegend war A mit dem Pkw des C auf dem Weg in eine Disko und hat demzufolge ein Fahrzeug im öffentlichen Straßenverkehr geführt. Dies müsste er **in fahruntüchtigem Zustand** getan haben. Ab einer Blutalkoholkonzentration von 1,1 Promille ist von einer absoluten Fahruntüchtigkeit auszugehen.[145] Da A zum Zeitpunkt der Fahrt eine Blutalkoholkonzentration von 1,6 Promille aufwies, befand er sich in einem Zustand absoluter Fahruntüchtigkeit und war demnach nicht in der Lage, das Fahrzeug sicher zu führen.

Weiterhin müsste durch die Teilnahme des A am Straßenverkehr eine **konkrete Gefahr** für Leib und Leben anderer Menschen oder fremde Sachen von bedeutendem Wert entstanden sein. Zunächst kommt hier eine konkrete Gefährdung des Autos von C in Betracht. Bei diesem müsste es sich um eine Sache von bedeutendem Wert handeln. Dies ist ab einem Sachwert von etwa 750 Euro anzunehmen.[146]

Es ist davon auszugehen, dass die "geile Kiste" des C einen höheren Wert als 750 Euro hatte, so dass der Pkw als Sache von bedeutendem Wert anzusehen ist. Da es hier sogar zur Schädigung der Sache gekommen ist, liegt auch die erforderliche konkrete Gefährdung vor. Allerdings ist zu beachten, dass das vom Täter geführte Fahrzeug *nicht* in den Schutzbereich des § 315 c StGB fällt, da dieses notwendiges "Tatwerkzeug" des § 315 c StGB ist und als solches nicht gleichzeitig auch Schutzobjekt sein kann.[147] Aus diesem Grund scheidet diesbezüglich eine tatbestandsmäßige Gefährdung aus.

---

[144] Rengier, BT II, § 43, Rn.4.
[145] BGHSt 37, 89, Beschluss vom 28.6.1990.
[146] BGHSt 48, 119 (121), Urteil vom 4.12.2002.
[147] Rengier, BT II, § 44, Rn.22.

Allerdings könnte eine konkrete Gefährdung von Leib und Leben des Beifahrers B vorliegen. Von einer konkreten Gefährdung ist auszugehen, wenn eine Person oder eine Sache in eine kritische Verkehrssituation gerät, in der es aufgrund der Unbeherrschbarkeit der Situation allein vom Zufall abhängt, ob das gefährdete Rechtsgut verletzt wird oder nicht.[148] Vorliegend prallte der Wagen, in dem sich A und B befanden, gegen einen geparkten Pkw. Bei einem solchen Zusammenprall hängt es allein vom Zufall ab, ob bei den Beteiligten Verletzungen entstehen oder nicht. Aus diesem Grund war B als Insasse des Unfallfahrzeugs konkret gefährdet.

Außerdem kommt der geparkte Mercedes, der bei dem Aufprall an der Fahrertür erheblich beschädigt wurde, als Gefährdungsobjekt in Betracht. Es ist davon auszugehen, dass auch dieser Pkw einen Wert von mehr als 750 Euro hat und demnach eine Sache von bedeutendem Wert darstellt. Da auch an dem Mercedes bereits ein Schaden eingetreten ist, lag auch diesbezüglich die erforderliche konkrete Gefährdung vor.

Schließlich müsste der **Eintritt der konkreten Gefahr** auch **auf die rauschbedingte Fahruntüchtigkeit** des A **zurückzuführen** sein. Dies ist vorliegend der Fall, da A infolge seines Alkoholpegels die Kontrolle über den Wagen verlor und dadurch den Unfall verursachte, der zur konkreten Sach- und Gesundheitsgefährdung führte. Somit hat A den objektiven Tatbestand des § 315 c I Nr.1 a StGB erfüllt.

2. Subjektiver Tatbestand

Weiterhin müsste er auch den subjektiven Tatbestand des Delikts verwirklicht haben. Zunächst kommt hier eine vorsätzliche Begehung des Delikts nach § 315 c I, Nr.1 a in Betracht. Dann müsste A sowohl hinsichtlich der Teilnahme

---

[148] Rengier, BT II, § 44, Rn.12.

am Straßenverkehr trotz Fahruntüchtigkeit, als auch hinsichtlich der konkreten Gefährdung von Leib und Leben anderer Personen oder Sachen von bedeutendem Wert mit Vorsatz gehandelt haben. Zwar war A bewusst, dass er betrunken war, dennoch fühlte er sich aber in der Lage, das Fahrzeug zu führen. Insofern kann hier nicht von Vorsatz hinsichtlich der Fahruntüchtigkeit ausgegangen werden. Auch hinsichtlich der konkreten Gefährdung von Leib und Leben anderer Personen oder von bedeutenden Sachwerten ist kein Vorsatz anzunehmen, da A darauf vertraute, dass nichts passieren werde. Insofern ist der subjektive Tatbestand nach § 315 c I, Nr.1 a StGB nicht erfüllt.

Jedoch stellt § 315 c III Nr.2 StGB auch die Fälle unter Strafe, in denen der **Täter fahrlässig handelt und die Gefahr fahrlässig verursacht**. Für A war objektiv und subjektiv erkennbar war, dass er aufgrund übermäßigen Alkoholkonsums nicht mehr zum Führen eines Fahrzeugs in der Lage war. Weiterhin war auch objektiv und subjektiv vorhersehbar, dass bei einer Teilnahme am Straßenverkehr in diesem Zustand konkrete Gefahren für andere Menschen und Sachen entstehen können. A handelte somit fahrlässig und hat auch die konkrete Gefahr fahrlässig verursacht.[149]

3. Rechtswidrigkeit

Weiterhin müsste A **rechtswidrig** gehandelt haben und die konkreten Gefahren auch rechtswidrig verursacht haben. Hinsichtlich der Teilnahme am Straßenverkehr in fahruntüchtigem Zustand und hinsichtlich der Gefährdung des geparkten Mercedes bestehen an der Rechtswidrigkeit keine Zweifel.

---

[149] Vorschlag zum Aufbau des § 315 c StGB bei Rengier, BT II, § 44, Rn.4.

Bezüglich der **Gefährdung der Gesundheit** des B könnte hingegen aufgrund einer rechtfertigenden **Einwilligung** die Rechtswidrigkeit ausgeschlossen sein. Fraglich ist jedoch, ob eine solche Einwilligung überhaupt möglich ist:

> Von der Rechtsprechung wird dies abgelehnt, da Schutzgut des § 315 c StGB die allgemeine Verkehrssicherheit sei, worüber der Gefährdete keine Dispositionsbefugnis habe.[150] Eine mögliche Einwilligung des B wäre hiernach also unbeachtlich.

> Die Gegenauffassung nimmt demgegenüber an, dass § 315 c StGB auch einen individualschützenden Charakter habe, so dass eine wirksame Einwilligung die Rechtswidrigkeit des Gefährdungsteils entfallen lasse.[151] Zu klären wäre somit, ob B in die Gefährdung durch A wirksam eingewilligt hat.[152] Indem B mit A in das Auto stieg, nachdem A zuvor zu erkennen gegeben hatte, dass er erheblich betrunken sei, hat B die Gefährdung seiner eigenen Gesundheit und seines eigenen Lebens in Kauf genommen. Es ist auch nicht ersichtlich, das B infolge seines eigenen Alkoholkonsums derartig in seiner Willensbildung beeinträchtigt war, dass dies die Wirksamkeit der Einwilligung hindern würde. Schließlich besteht auch kein "Einwilligungsverbot" in die Gefährdung des eigenen Lebens. Verboten ist nur die Einwilligung in die eigene Tötung, nicht aber in die bloße Lebensgefährdung.[153] Eine wirksame Einwilligung des B läge somit vor, womit nach dieser Ansicht die Gefährdung von Leib und Leben des B gerechtfertigt wäre.

---

[150] BGHSt 23, 261 (264), Beschluss vom 14.5.1970.
[151] Rengier, BT II, § 44, Rn.19 a.
[152] näheres zur Einwilligung/mutmaßlichen Einwilligung: vgl. Fall 5
[153] Wessels/Beulke/Satzger, Rn.568.

Da die beiden Ansichten vorliegend zu unterschiedlichen Ergebnissen führen ist eine Entscheidung des Streitstandes notwendig. Für die zweite Auffassung lässt sich anführen, dass § 315 c StGB eine Gefahr für Individualrechtsgüter voraussetzt. Dies spricht dafür, dass die Norm auch dem Schutz dieser Individualrechtsgüter dient, womit diesbezüglich eine Einwilligung möglich wäre. Die systematische Stellung des § 315 c StGB hingegen könnte für die Ansicht der Rechtsprechung sprechen. Der Paragraf befindet sich im Abschnitt "Gemeingefährliche Straftaten", was nahe legt, dass er gerade *keine individualschützende* Funktion hat.

Jedoch ist zu beachten, dass auch der Tatbestand der Brandstiftung (§ 306 StGB) in diesem Abschnitt steht. Dieser Tatbestand schützt die aufgezählten fremden Sachen vor Inbrandsetzung und hat als Sachbeschädigungsdelikt mithin zweifelsohne (auch) individualschützende Wirkung. Die systematische Stellung des § 315 c StGB im Bereich der "Gemeingefährlichen Straftaten" spricht somit auch nicht gegen den Individualschutz dieser Norm.

Auch die Überschrift des § 315 c StGB - "Gefährdung des Straßenverkehrs" - schließt einen individualschützenden Charakter der Norm nicht aus, da sich allein hieraus nicht ergibt, dass die einzelnen Teilnehmer des Straßenverkehrs nicht auch geschützt werden. Im Ergebnis ist daher mit der zweiten Ansicht davon auszugehen, dass § 315 c StGB auch Individualrechtsgüter schützt, so dass eine Einwilligung insoweit möglich ist. B hat in die Gefährdung von Leib und Leben wirksam eingewilligt, so dass diesbezüglich die Rechtswidrigkeit von A' s Verhalten entfällt. Es bleibt jedoch die rechtswidrige Gefährdung des geparkten Autos.

4. Schuld

Schließlich müsste A auch **schuldhaft** gehandelt haben. Zum Tatzeitpunkt hatte A zwar einen Blutalkoholspiegel von 1,6 Promille, es ist jedoch nicht ersichtlich, dass dies zu einer Einschränkung seiner Steuerungsfähigkeit geführt hat. Eine Indizwirkung für eine eingeschränkte Schuldfähigkeit ist regelmäßig erst bei einem Wert von 2,0 Promille anzunehmen.[154] Da dieser Wert hier nicht erreicht wurde und ansonsten keine Anzeichen für eine verminderte Schuldfähigkeit vorliegen, ist von der Schuld des A auszugehen.

5. Ergebnis

Er hat sich somit wegen fahrlässiger Gefährdung des Straßenverkehrs gemäß § 315 c I Nr.1 a, III Nr.2 StGB strafbar gemacht.

IV. § 316 II StGB durch die Fahrt bis zum Unfall

Außerdem hat sich A durch die Fahrt bis zum Zeitpunkt des Unfalls der fahrlässigen Trunkenheit im Verkehr nach § 316 II StGB schuldig gemacht. § 316 StGB ist im vorliegenden Fall jedoch gesetzlich subsidiär, da die Tat – wie oben festgestellt - bereits nach § 315 c StGB strafbar ist.

V. § 142 I Nr.2 StGB

Weiterhin kommt eine Strafbarkeit wegen unerlaubten Entfernens vom Unfallort gemäß § 142 I Nr. 2 StGB in Betracht.

1. Objektiver Tatbestand

Dann müsste A an einem **Unfall im öffentlichen Straßenverkehr** beteiligt gewesen sein und sich vom Unfallort entfernt haben, ohne eine angemessene Zeit auf eine Person

---

[154] Vgl. Schönke/Schröder, § 20, Rn.16 b.

gewartet zu haben, die zur Feststellung seiner Daten bereit war. Zunächst müsste ein **Unfall** im öffentlichen Straßenverkehr vorliegen. Dies ist ein plötzlich eintretendes Ereignis im öffentlich zugänglichen Verkehrsraum, das mit den typischen Gefahren des Straßenverkehrs in ursächlichem Zusammenhang steht und einen nicht ganz unerheblichen Schaden verursacht.[155]

Vorliegend verlor A auf einer öffentlichen Straße die Kontrolle über seinen Wagen und prallte gegen einen geparkten Mercedes, wobei an dessen Fahrertür eine große Beule entstand. Ein Unfall liegt hier demnach vor. Als Fahrer des PKW ist A auch **Unfallbeteiligter** i. S. d. § 142 V StGB, da er zur Verursachung des Unfalls beigetragen haben kann.

Weiterhin müsste A sich **von der Unfallstelle entfernt** haben, ohne die Feststellung seiner Daten zu ermöglichen (Nr.1) bzw. ohne eine angemessene Zeit auf eine feststellungsbereite Person zu warten (Nr.2). Da vorliegend keine feststellungsbereiten Personen zugegen waren, kommt hier lediglich Nr.2 in Betracht. Als angemessene Wartefrist im Rahmen von § 142 I Nr.2 StGB werden - je nach der Schwere des Schadens - Zeiten zwischen 10 Minuten und einer Stunde genannt.[156]

Da A nach kurzem Aussteigen sogleich weiterfuhr, hat er die erforderliche Wartefrist jedenfalls nicht eingehalten und somit den objektiven Tatbestand des § 142 I Nr.2 StGB erfüllt.

2. Subjektiver Tatbestand

Außerdem müsste A auch **vorsätzlich** gehandelt haben. Er wusste, dass ein Unfall stattgefunden hatte, an dem er beteiligt war. Mit diesem Wissen entfernte er sich vom Unfallort, ohne eine angemessene Zeit zu warten und hat somit auch den subjektiven Tatbestand verwirklicht.

---
[155] Rengier, BT II, § 46, Rn.2.
[156] Überblick bei Rengier, BT II, § 46, Rn.33/34.

3. Rechtswidrigkeit

Da hier zugunsten des A keine Rechtfertigungsgrüne eingreifen war sein Verhalten auch **rechtswidrig**.

4. Schuld

Schließlich müsste A auch **schuldhaft** gehandelt haben. Wie oben festgestellt, ist hier trotz eines Blutalkoholspiegels von 1,6 Promille von einer uneingeschränkten Schuldfähigkeit auszugehen.

5. Ergebnis

Somit hat sich A gemäß § 142 I Nr.2 StGB wegen unerlaubten Entfernens vom Unfallort strafbar gemacht.

VI. § 316 I StGB durch die Weiterfahrt nach dem Unfall

A könnte sich durch die Weiterfahrt nach dem Unfall außerdem wegen vorsätzlicher Trunkenheit im Verkehr nach § 316 I StGB strafbar gemacht haben. A hat in fahruntüchtigem Zustand ein Fahrzeug im Verkehr geführt. Fraglich könnte jedoch sein, ob die Weiterfahrt nach dem Unfall überhaupt als rechtlich selbständige Handlung anzusehen ist, oder ob lediglich von *einer* Fahrt und damit von einer Handlung auszugehen ist.

Bei der Trunkenheitsfahrt handelt es sich um ein Dauerdelikt. Ein Täter, der nach Verursachung eines Unfalls entgegen der Wartepflicht nach § 142 StGB weiterfährt, fasst jedoch einen neuen Fahrtentschluss. Es bestehen dann zwei selbständige Vergehen der Trunkenheitsfahrt nebeneinander.[157]

---

[157] BGHSt 21, 203 (204), Urteil vom 17.2.1967.

A ist hier nach Verursachung eines Unfalls und kurzer Untersuchung der Schäden wieder ins Auto gestiegen und weitergefahren. Er hat damit eine weitere Trunkenheitsfahrt unternommen und somit den objektiven Tatbestand des § 316 I StGB erfüllt.

Außerdem müsste auch der subjektive Tatbestand des § 316 I StGB vorliegen, d. h. A müsste vorsätzlich gehandelt haben. Nach dem Unfall war sich A bewusst, dass er zuviel getrunken hatte, um ein Fahrzeug im Verkehr zu führen. Gleichwohl setzte er seine Fahrt fort. Folglich handelte er vorsätzlich, so dass der subjektive Tatbestand erfüllt ist.

Weiterhin war das Verhalten des A **rechtswidrig** und **schuldhaft**. Er hat sich durch die Weiterfahrt nach dem Unfall wegen Trunkenheit im Verkehr nach § 316 I StGB strafbar gemacht.

B. Endergebnis, Konkurrenzen

A hat sich wegen uneidlicher Falschaussage in Tateinheit mit Strafvereitelung nach §§ 153, 258; 52 StGB strafbar gemacht. Hierzu in Tatmehrheit steht die fahrlässige Gefährdung des Straßenverkehrs nach § 315 c I Nr. 1a, III Nr.2 StGB. Hinzu kommt die Strafbarkeit wegen unerlaubtem Entfernen vom Unfallort in Tateinheit mit vorsätzlicher Trunkenheit im Verkehr nach §§ 142 I Nr.2, 316 I; 52 StGB. Zu den vorgenannten Taten stehen diese Delikte wiederum in Tatmehrheit nach § 53 StGB.

Fall 7: Abgebrannt

▸ **Standort:** AT: Mittäterschaft, BT: Brandstiftungsdelikte

Nach drei Jahren Haft sind die befreundeten Verbrecher A und B seit nunmehr einem Monat wieder auf freiem Fuß. Beide sinnen darauf, sich an dem Richter R zu rächen, der sie zu einer ihrer Meinung nach viel zu hohen Strafe verurteilt hatte. Während ihrer Beschattungen in den vergangenen Wochen haben A und B herausgefunden, dass R ein freistehendes Haus an der Küste besitzt, in dem er regelmäßig die Wochenenden verbringt. A und B beschließen, "die Hütte abzufackeln". Hierzu baut A einige Molotowcocktails und kundschaftet die Umgebung aus. Hierbei findet er heraus, dass das Haus an den Wochentagen nicht genutzt wurde. A und B entscheiden sich schließlich, die Tat unter der Woche zu begehen, da sie R nicht töten oder verletzen wollen. So brechen A und B schließlich am nächsten Mittwoch im Morgengrauen auf, um ihren Plan zu verwirklichen. A sitzt am Steuer und parkt den Wagen in unmittelbarer Nähe des Grundstücks. Wie abgesprochen, steigt der sportliche B aus dem Auto aus und wirft drei Brandsätze über den Zaun. Die Brandsätze treffen genau und durchschlagen zwei Fensterscheiben im Erdgeschoss und eine im ersten Stock. Schnell breitet sich ein Feuer aus. A und B sind zufrieden und flüchten vom Tatort.

Vom Klirren der Scheiben wurde der sich im Haus befindende F, ein Freund des R, geweckt. R hatte ihm das Haus spontan für einige Tage zu einem Kurzurlaub überlassen. F gelang es, unverletzt aus dem Haus zu flüchten. Er fuhr mit seinem vor dem Haus geparkten Auto zu einer Telefonzelle und verständigte von dort aus die Feuerwehr. Diese konnte jedoch nicht verhindern, dass das Haus komplett niederbrannte. Strafbarkeit von A und B nach dem StGB?

A. Strafbarkeit von B
I. § 306 I, Nr. 1 StGB
1. Objektiver Tatbestand
fremdes Gebäude durch Wurf mit Molotowcocktail in Brand gesetzt und durch Brandlegung zerstört
2. Subjektiver Tatbestand: Vorsatz
3. Rechtswidrigkeit
4. Schuld
5. Ergebnis: B ist nach § 306 I, Nr. 1 StGB strafbar.

II. § 305 StGB
Fremdes Gebäude vorsätzlich, rechtswidrig und schuldhaft zerstört

III. § 303 StGB
Fremde Sache vorsätzlich, rechtswidrig und schuldhaft zerstört, gemäß § 303 c StGB Strafantrag erforderlich

IV. § 306 a I, Nr.1 StGB
1. Objektiver Tatbestand: Räumlichkeit, die der Wohnung von Menschen dient als Tatobjekt
2. Subjektiver Tatbestand: diesbzgl. Vorsatz
3. Rechtswidrigkeit
4. Schuld
5. Ergebnis: B ist nach § 306 a I, Nr.1 StGB strafbar.

V. § 306 a II StGB
1. Objektiver Tatbestand: konkrete Gesundheitsgefährdung, da sich F im Haus aufhielt
2. Subjektiver Tatbestand: hier kein Vorsatz hinsichtlich der konkreten Gesundheitsgefährdung, da B nicht wusste, dass sich jemand im Haus befindet
3. Ergebnis: B ist nicht strafbar nach § 306 a II StGB.

VI. § 306 d I, 3. Var. i. V. m. § 306 a II StGB
B hat die konkrete Gesundheitsgefährdung für F fahrlässig hervorgerufen und ist daher strafbar nach § 306 d I, 3. Var. i. V. m. § 306 a II StGB.

VII. Konkurrenzen
B hat sich gemäß §§ 306 a I, Nr.1, 306 I, Nr.1, 306 d I, 3. Var. i. V. m. 306 a II, 52 StGB strafbar gemacht. Die §§ 303, 305 StGB treten hinter § 306 StGB zurück.

B. Strafbarkeit von A
I. §§ 306 I, Nr. 1, 25 II StGB
1. Objektiver Tatbestand

A hat Tathandlung nicht selbst aus geführt, aber: Mittäterschaft, daher Zurechnung der Tathandlung des B
2. Subjektiver Tatbestand: Vorsatz hins. Begehung durch B und eigenem mittäterschaftlichem Beitrag
3. Rechtswidrigkeit
4. Schuld
5. Ergebnis: A ist nach §§ 306 I, Nr. 1, 25 II StGB strafbar

II. §§ 305, 25 II StGB
Fremdes Gebäude in Mittäterschaft vorsätzlich, rechtswidrig und schuldhaft zerstört

III. §§ 303, 25 II StGB
Fremde Sache in Mittäterschaft vorsätzlich, rechtswidrig und schuldhaft zerstört

IV. §§ 306 a I, Nr.1, 25 II StGB
Mittäterschaft s.o.; A wusste auch, dass das Haus der Wohnung von Menschen dient. A ist strafbar nach §§ 306 a I, Nr.1, 25 II StGB.

V. §§ 306 a II, 25 II StGB
Auch A hatte keinen Vorsatz hinsichtlich der konkreten Gesundheitsgefährdung, da auch er nicht wusste, dass sich jemand im Haus befindet. Daher ist er nicht strafbar nach § 306 a II, 25 II StGB.

VI. § 306 d I, 3. Var. I. V. m. § 306 a II, 25 II StGB
A hat die konkrete Gesundheitsgefährdung für F fahrlässig hervorgerufen und ist daher strafbar nach § 306 d I, 3. Var. i. V. m. §§ 306 a II, 25 II StGB.

VII. Konkurrenzen
siehe **A. VII.**

A. Strafbarkeit von B

I. § 306 I, Nr.1 StGB

B könnte sich gemäß § 306 I, Nr.1 StGB wegen Brandstiftung strafbar gemacht haben, indem er drei Molotowcocktails in das Wochenendhaus des R warf.

1. Objektiver Tatbestand

B müsste hierdurch ein **fremdes Gebäude in Brand gesetzt oder durch eine Brandlegung ganz oder teilweise zerstört** haben. Das Haus des R stellt ein für B fremdes Gebäude dar. Ein *Inbrandsetzen* liegt vor, wenn wesentliche Teile des Objekts so vom Feuer erfasst werden, dass sie selbständig weiterbrennen.[158] Ein *Zerstören* ist anzunehmen, wenn das Tatobjekt seine bestimmungsgemäße Brauchbarkeit vollständig verliert.[159] Vorliegend brannte das Haus des B komplett nieder, was nur geschehen kann, wenn wesentliche Teile des Objekts so vom Feuer erfasst werden, dass sie selbstständig weiterbrennen. Ein Inbrandsetzen i. S. d. § 306 I StGB liegt somit vor.

Da ein vollständig niedergebranntes Haus auch seine bestimmungsgemäße Brauchbarkeit vollständig verloren hat, ist gleichfalls ein Zerstören gegeben. Der tatbestandsmäßige Erfolg des § 306 I StGB liegt somit in beiden Alternativen vor.

B müsste diesen außerdem kausal und objektiv zurechenbar hervorgerufen haben. **Kausal** ist jede Handlung, die nicht hinweggedacht werden kann, ohne dass der konkrete Erfolg entfiele.[160] Hätte B die Brandsätze nicht in das Haus geworfen, so wäre dieses nicht abgebrannt. Folglich war seine Handlung kausal für den Erfolgseintritt. **Objektive Zurechenbarkeit** liegt vor, wenn der Täter durch sein Verhalten eine tatbestandsrelevante Gefahr geschaffen hat, die sich auch im Erfolg realisiert hat.[161]

---

[158] Rengier, BT II, § 40, Rn.7.
[159] Rengier, BT II, § 40, Rn.12.
[160] Haft, AT, S.51.
[161] Haft, AT, S.55.

In dem Niederbrennen des Hauses hat sich gerade die von B durch das Werfen der Brandsätze gesetzte Gefahr realisiert. Der Erfolg ist ihm daher auch objektiv zuzurechnen. Somit hat B den objektiven Tatbestand des § 306 I Nr.1 StGB verwirklicht.

2. Subjektiver Tatbestand

B müsste weiterhin mit **Vorsatz** gehandelt haben. Vorsatz bezeichnet den Willen zur Verwirklichung eines gesetzlichen Tatbestandes in Kenntnis aller seiner Umstände.[162] B wusste, dass es sich bei dem Haus des R um ein fremdes Gebäude handelte. Er wollte dieses auch in Brand setzen bzw. zerstören. Somit handelte er mit dem erforderlichen Vorsatz und hat folglich den subjektiven Tatbestand des § 306 I StGB erfüllt.

3. Rechtswidrigkeit

Da keine Rechtfertigungsgründe eingreifen war das Verhalten von B **rechtswidrig**.

4. Schuld

Mangels gegenteiliger Anhaltspunkt im Sachverhalt ist auch von einem **schuldhaften** Verhalten des B auszugehen.

5. Ergebnis

Er hat sich somit durch das Werfen der Molotowcocktails in das Haus des R gemäß § 306 I Nr.1 StGB wegen Brandstiftung strafbar gemacht.

---

[162] Baumann/Weber/Mitsch/Eisele, § 11, Rn.8.

II. § 305 StGB

Außerdem hat A durch diese Handlung vorsätzlich, rechtswidrig und schuldhaft ein fremdes Gebäude zerstört und ist somit gemäß § 305 StGB strafbar.

III. § 303 StGB

Weiterhin hat A durch das Werfen der Brandsätze eine Sachbeschädigung gemäß § 303 StGB begangen. Für die Verfolgung ist gemäß § 303 c StGB ein Strafantrag erforderlich, soweit kein besonderes öffentliches Interesse besteht.

IV. § 306a I Nr.1 StGB

Durch dieselbe Handlung könnte sich B außerdem wegen schwerer Brandstiftung gemäß § 306a I Nr.1 StGB strafbar gemacht haben.

1. Objektiver Tatbestand

Dann müsste er eine **Räumlichkeit, die der Wohnung von Menschen dient**, in Brand gesetzt bzw. ganz oder teilweise zerstört haben. Eine Räumlichkeit dient der Wohnung von Menschen, wenn sie zur zumindest vorübergehenden Unterkunft von Menschen verwendet wird.[163] Das Haus des Richters R wurde an Wochenenden regelmäßig von ihm bewohnt und stellte demnach eine Räumlichkeit dar, die der Wohnung von Menschen diente. Wie oben bereits festgestellt, wurde das Haus durch die Molotowcocktails auch in Brand gesetzt und zerstört, so dass der objektive Tatbestand des § 306 a I Nr.1 StGB vorliegt.

---

[163] Rengier, BT II, § 40, Rn.20.

2. Subjektiver Tatbestand

Da B außerdem auch wusste, dass das Haus zeitweise von Menschen bewohnt wurde, und dennoch die Brandsätze warf, um das Gebäude in Brand zu setzen und zu zerstören, handelte er auch mit dem im Rahmen des § 306 a I, Nr.1 StGB erforderlichen **Vorsatz**.

3. Rechtswidrigkeit

Weiterhin liegen keine Rechtfertigungsgründe vor. Somit handelte B **rechtswidrig**.

4. Schuld

Schließlich war das Verhalten des B auch **schuldhaft**.

5. Ergebnis

Er hat sich somit durch das Werfen der Molotowcocktails in das Haus des R wegen schwerer Brandstiftung gemäß § 306 a I Nr.1 StGB strafbar gemacht.

V. § 306 a II

In Anknüpfung an diese Handlung käme weiterhin eine Strafbarkeit des B nach § 306 a II StGB in Betracht.

1. Objektiver Tatbestand

Dafür müsste B durch die Brandlegung eine andere Person in die **Gefahr einer Gesundheitsschädigung** gebracht haben. Erforderlich ist eine **konkrete Gefahr**, d. h. eine Situation, in der es allein vom Zufall abhängt, ob eine Rechtsgutsverletzung eintritt oder nicht.[164]

---

[164] BGH NStZ 1999, 32 (33), Urteil vom 15.9.1999.

Vorliegend schlief F zur Zeit der Brandstiftung in dem angezündeten Haus. Er befand sich somit in einer Situation, in der eine Gesundheitsschädigung ernsthaft drohte. Nur, weil er durch den Einschlag der Brandsätze wach wurde, konnte er ohne Verletzungen entkommen. Der Eintritt oder das Ausbleiben einer Gesundheitsschädigung hing somit allein vom Zufall ab, so dass die konkrete Gefahr einer Gesundheitsschädigung bestand. Demnach liegt der objektive Tatbestand vor.

2. Subjektiver Tatbestand

Weiterhin müsste B sowohl hinsichtlich der Brandstiftung, als auch hinsichtlich der konkreten Gefährdung einer anderen Person **vorsätzlich** gehandelt haben. Bezüglich der Brandstiftung ist dies der Fall (s. o.), jedoch ging B davon aus, dass sich zur Zeit der Tatbegehung niemand in dem Haus aufhalten würde. Weder rechnete er damit, dass er die Gesundheit einer anderen Person konkret gefährden würde, noch wollte er dies. Somit fehlt bei B hinsichtlich der konkreten Gefährdung der Vorsatz. Der subjektive Tatbestand ist folglich nicht erfüllt.

3. Ergebnis

B hat sich nicht nach § 306 a II StGB strafbar gemacht.

VI. § 306 d I, 3. Var. i. V. m. § 306 a II StGB

Jedoch kommt eine Strafbarkeit nach § 306 d I, 3. Var. i. V. m. § 306 a II StGB in Betracht, wenn B die **konkrete Gesundheitsgefährdung fahrlässig hervorgerufen** hat. Dafür müsste es zunächst *objektiv vorhersehbar* gewesen sein, dass durch die Brandstiftung eine konkrete Gesundheitsgefährdung für eine andere Person eintreten könnte. Bei Beachtung der notwendigen Sorgfalt hätte man erkennen können, dass auch unter der Woche die Möglichkeit bestand, dass sich eine Person in dem Haus aufhalten würde. Nur weil dies während der recht kurzen Zeit der Beschattungen (max. 4 Wochen) nicht der Fall war, konnte man noch lange nicht davon ausgehen, dass dies grundsätzlich so sein würde. Somit war die konkrete Gesundheitsgefährdung objektiv vorhersehbar. Weiterhin war die Herbeiführung der Gefahr auch objektiv vermeidbar war, da man sich am Tattag hätte vergewissern können, dass niemand im Haus anwesend ist. Somit hat B den Tatbestand von § 306 d I, 3. Var. i. V. m. § 306 a II StGB erfüllt.

Er handelte außerdem **rechtswidrig**. Schließlich müsste B die Tat auch **schuldhaft** begangen haben. Dies setzt voraus, dass die konkrete Gefährdung eines anderen Menschen für ihn auch *subjektiv vorhersehbar* und *vermeidbar* war.

Für B wäre es möglich gewesen, zu erkennen, dass sich zur Tatzeit ein Mensch in dem Haus befand. Hätte er sich vor der Ausführung der Tat umgesehen, so hätte ihm das vor dem Haus geparkte Auto auffallen müssen. Er hätte dann auch mit der Anwesenheit eines Menschen im Haus rechnen müssen. Daher war die Gefährdung eines anderen Menschen für ihn auch subjektiv vorhersehbar und vermeidbar. Somit handelte B schuldhaft. Er hat sich gemäß § 306 d I, 3. Var. i. V. m. § 306 a II StGB strafbar gemacht.

VII. Konkurrenzen

Die Brandstiftung nach § 306 StGB verdrängt die §§ 303, 305 StGB im Wege der Spezialität.[165] Umstritten ist, in welchem Konkurrenzverhältnis die §§ 306 und 306 a StGB zueinander stehen. Eine Auffassung geht aufgrund der unterschiedlichen Schutzrichtung der beiden Tatbestände von Idealkonkurrenz aus.[166]

---

[165] Rengier, BT II, § 40, Rn.2.
[166] Schönke/Schröder, § 306,Rn.24.

Eine andere Ansicht nimmt demgegenüber an, dass § 306 StGB von § 306 a StGB verdrängt wird.[167] Die erste Ansicht ist vorzugswürdig, da nur bei Annahme von Idealkonkurrenz zum Ausdruck kommt, dass es sich bei dem Tatobjekt um ein fremdes Gebäude handelt. Ebenso in Idealkonkurrenz hierzu steht § 306 d I, 3. Var. i. V. m. § 306 a II StGB, da klarzustellen ist, dass eine konkrete Gefährdung für einen Menschen eingetreten ist. Somit hat sich B gemäß §§ 306 a I, Nr.1, 306 I, Nr.1, 306 d I, 3. Var. i. V. m. 306 a II, 52 StGB strafbar gemacht.

B. Strafbarkeit von A

I. §§ 306 I Nr.1, 25 II StGB

A könnte sich gemäß §§ 306 I, Nr.1, 25 II StGB wegen mittäterschaftlich begangener Brandstiftung strafbar gemacht haben indem er die Umgebung des Tatorts auskundschaftete, die Brandsätze baute, mit denen das Haus des R niedergebrannt wurde und das Fluchtfahrzeug fuhr.

1. Objektiver Tatbestand

A müsste ein fremdes Gebäude in Brand gesetzt oder durch Brandlegung ganz oder teilweise zerstört haben. Allerdings hat A im vorliegenden Fall die Brandsätze, die das Haus des R zerstörten, nicht selbst geworfen. Vielmehr wurde die unmittelbare Tatausführung allein von B vorgenommen. Jedoch wäre die Tathandlung des B dem A zuzurechnen, wenn die beiden gemäß § 25 II StGB in **Mittäterschaft** gehandelt haben. Mittäterschaft setzt voraus, dass mehrere Personen aufgrund eines gemeinsamen Tatentschlusses zusammenarbeiten und jeweils einen Beitrag zur Tatbegehung leisten.[168]

---

[167] BGH NJW 2001, 765, Beschluss vom 21.11.2000.
[168] Haft, AT, S.205/206.

Allerdings reicht nicht jeder Tatbeitrag aus, um von Mittäterschaft auszugehen. Vielmehr ist abzugrenzen, ob ein täterschaftlicher Tatbeitrag oder lediglich eine Beihilfehandlung i. S. d. § 27 StGB vorliegt. Die Frage, wie diese Abgrenzung vorzunehmen ist, wird unterschiedlich beantwortet.

➢ Nach der **subjektiven Theorie der Rechtsprechung** ist ein Tatbeteiligter Mittäter, wenn er mit Täterwillen handelt, d. h. wenn er die Tat *als eigene* will.[169] Will er sich hingegen nur an einer fremden Tat beteiligen, so handelt es sich um eine Beihilfehandlung. Bei der Bestimmung des Täterwillens greift die Rechtsprechung auf objektive Kriterien, wie z. B. das *eigene Interesse* am Taterfolg oder den *Umfang der Tatbeteiligung* zurück. Vorliegend hatte A ein ebenso großes Interesse am Taterfolg wie B, da auch er sich für die vermeintlich ungerechte Bestrafung durch den Richter R rächen wollte. Dies spricht bereits für einen Täterwillen des B. Außerdem war B auch an Planung und Begehung der Tat erheblich beteiligt. Er fertigte die Brandsätze, kundschaftete die Umgebung des Tatorts aus, sprach mit A die gemeinsame Vorgehensweise ab und fuhr das Fluchtauto. Somit wäre mit der Ansicht der Rechtsprechung im vorliegenden Fall von einer Mittäterschaft des A auszugehen.

➢ Die in der Literatur vorherrschende **Tatherrschaftslehre** verlangt für das Vorliegen von Mittäterschaft, dass der Tatbeteiligte eine Zentralgestalt des Geschehens ist und aufgrund seines Einflusses die Tat nach seinem Belieben ablaufen lassen oder hemmen kann.[170] Angesichts der erheblichen Beteiligung des A sowohl im Vorbereitungsstadium, als auch während der Tatausführung selbst, ist er als Zentralgestalt des Geschehens einzustufen.

---

[169] BGHSt 28, 346 (348), Urteil vom 13.3.1979.
[170] Wessels/Beulke/Satzger, Rn.751.

A und B handelten als gleichberechtigte Partner und A hatte jederzeit die Möglichkeit, auf den Ablauf der Tat einzuwirken. Demnach hatte er Tatherrschaft und ist auch nach dieser Ansicht als Mittäter anzusehen.

Die Ansichten kommen hier zum gleichen Ergebnis, so dass ein Streitentscheid entbehrlich ist. A ist Mittäter. Ihm wird die Verwirklichung des objektiven Tatbestandes des § 306 I, Nr.1 StGB durch B zugerechnet.

2. Subjektiver Tatbestand

Weiterhin müsste A mit **Vorsatz** gehandelt haben, wobei sich der Vorsatz sowohl auf die Tatbegehung durch B als auch auf seinen eigenen mittäterschaftlichen Beitrag zu dieser Tat erstrecken muss. Vorliegend warf B die Brandsätze mit Wissen und Wollen des A in das Haus des R. A war sich auch bewusst, dass er zu dieser Tat im Rahmen des gemeinsamen Plans einen erheblichen Beitrag geleistet hat. Folglich handelte er mit Vorsatz. Somit hat A den subjektiven Tatbestand einer Brandstiftung nach §§ 306 I Nr.1, 25 II StGB verwirklicht.

3. Rechtswidrigkeit

Da zu seinen Gunsten keine Rechtfertigungsgründe eingreifen handelte er **rechtswidrig**.

4. Schuld

Außerdem ist mangels gegenteiliger Anhaltspunkte auch von einem **schuldhaften** Verhalten des A auszugehen.

5. Ergebnis

Folglich hat sich A gemäß §§ 306 I Nr.1, 25 II StGB wegen mittäterschaftlich begangener Brandstiftung strafbar gemacht.

II. §§ 305, 25 II StGB

Weiterhin ist er wegen Zerstörung eines Bauwerkes gemäß §§ 305, 25 II StGB strafbar.

III. §§ 303, 25 II StGB

Außerdem besteht eine Strafbarkeit wegen Sachbeschädigung gemäß §§ 303, 25 II StGB, wobei für die Verfolgung gemäß § 303 c StGB ein Strafantrag erforderlich ist, soweit kein besonderes öffentliches Interesse an der Strafverfolgung besteht.

IV. §§ 306 a I Nr.1, 25 II StGB

In Betracht kommt zudem eine Strafbarkeit wegen gemeinschaftlich begangener schwerer Brandstiftung nach §§ 306 a I Nr.1, 25 II StGB. Wie oben bereits festgestellt handelte A bei der Brandstiftung als Mittäter des B, so dass ihm die Tathandlung des B zuzurechnen ist. Da B auch wusste, dass es sich bei dem Tatobjekt um ein Gebäude handelte, dass der Wohnung von Menschen diente, hatte er auch den Vorsatz zur Begehung einer schweren Brandstiftung gefasst. Er handelte auch rechtswidrig und schuldhaft und ist somit nach §§ 306 a I, Nr.1, 25 II StGB strafbar.

V. § 306 a II, 25 II StGB

Eine Strafbarkeit nach §§ 306 a II, 25 II StGB scheidet hingegen aus, da auch A keinen Vorsatz zur konkreten Gefährdung eines anderen Menschen hatte.

VI. § 306 d I, 3. Var. i. V. m. §§ 306 a II, 25 II StGB

A könnte jedoch gemäß § 306 d I, 3. Var. i. V. m. §§ 306 a II, 25 II StGB strafbar sein. Auch wenn bei § 306 d I StGB hinsichtlich der Gefährdung Fahrlässigkeit ausreicht, so liegt hier gemäß § 11 II StGB dennoch ein Vorsatzdelikt vor, so dass diesbezüglich Mittäterschaft möglich ist.

Wie oben bereits festgestellt, hat A die Brandstiftung gemeinsam mit B mittäterschaftlich begangen. Außerdem müsste er die konkrete Gefährdung des F fahrlässig herbeigeführt haben. Die konkrete Gefährdung war objektiv vorhersehbar und vermeidbar.[171] Auch A persönlich hätte erkennen können, dass sich in dem Haus ein Mensch befinden könnte, der durch die Brandstiftung gefährdet werden würde. Das vor dem Haus geparkte Auto legte eine solche Vermutung nahe. Demnach war die Gefahr auch für A *subjektiv vorhersehbar* und *vermeidbar*. Er hat sich somit gemäß § 306 d I, 3. Var. i. V. m. § 306 a II, 25 II StGB strafbar gemacht.

VII. Konkurrenzen

Die Brandstiftung nach § 306 StGB verdrängt die §§ 303, 305 StGB. Die übrigen Delikte stehen zueinander in Idealkonkurrenz.[172] A hat sich gemäß §§ 306 a I, Nr.1, 306 I, Nr.1, 306 d I, 3. Var. i. V. m. 306 a II, 25 II, 52 StGB strafbar gemacht.

---

[171] Siehe A. VI.
[172] Siehe A. VII.

Literaturverzeichnis

Baumann, Jürgen / Weber, Ulrich / Mitsch, Wolfgang / Eisele, Jörg;Strafrecht, Allgemeiner Teil, 12. Auflage, Bielefeld, 2016.

Bertel, Christian;"Notwehr gegen verschuldete Angriffe", in: ZStW 84 (1972), S.1 - 36.

Dieckmann, Andreas;"Plädoyer für die eingeschränkte Schuldtheorie beim Irrtum über Rechtfertigungsgründe", in: Jura, S.178 - 185.

Fischer, Thomas; Strafgesetzbuch und Nebengesetze, 68. Auflage, München, 2021.

Freund, Georg;"Richtiges Entscheiden - am Beispiel der Verhaltensbewertung aus der Sicht des Betroffenen, insbesondere im Strafrecht", in: GA 1991, S.381-410.

Gallas Wilhelm;"Zur Struktur des strafrechtlichen Unrechtsbegriffs" in: Festschrift für Paul Bockelmann, S. 155 - 179, München, 1979.

Gössel, Karl-Heinz / Dölling, Dieter; Strafrecht, Besonderer Teil 1, 2. Auflage, Heidelberg, 2004.

Geerds, Detlev;"Der vorsatzausschließende Irrtum", in: Jura 1990, S. 421 - 431.

Gropp Walter; Strafrecht, Allgemeiner Teil, 5. Auflage, Berlin, 2020.

Haft, Fritjof; Strafrecht, Allgemeiner Teil, 9. Auflage, München, 2004.

Haft, Fritjof; Strafrecht, Besonderer Teil 1, 8. Auflage, München, 2004.

Haft, Fritjof; Strafrecht, Besonderer Teil 2, 8. Auflage, München, 2005.

Kühl Kristian; Strafrecht, Allgemeiner Teil, 8. Auflage, München, 2017.

Küper, Wilfried / Zopfs, Jan; Strafrecht, Besonderer Teil, 10. Auflage, Heidelberg, 2018.

Otto, Harro; "Anstiftung und Beihlife", in: JuS 1982, S.557 - 566.

Otto, Harro; "Der Verbotsirrtum", in: Jura 1990, S.645 - 650.

Otto, Harro; Grundkurs Strafrecht, Allgemeine Strafrechtslehre, 7. Auflage, Berlin, 2004.

Rengier, Rudolf; Strafrecht, Besonderer Teil I, 21. Auflage, München, 2019.

Rengier, Rudolf; Strafrecht, Besonderer Teil II, 20. Auflage, München, 2019.

Schönke, Adolf / Schröder, Horst; Strafgesetzbuch, Kommentar, 30. Auflage, München, 2018.

Salger, Hannskarl / Mutzbauer, Norbert; „Die actio libera in causa – eine rechtswidrige Rechtsfigur", in: NStZ 1993, S.561 - 565.

Schröder, Horst; "Notwehr bei schuldhaftem Vorverhalten", in: JuS 1973, S.157 - 161.

Schroth, Ulrich; "Die Annahme und das 'Für-Möglich-Halten' von Umständen, die einen anerkannten Rechtfertigungsgrund begründen", in: Strafgerechtigkeit – Festschrift für Arthur Kaufmann zum 70. Geburtstag, S.595 - 610, Heidelberg, 1993.

Sternberg-Lieben, Irene; "Voraussetzungen der Notwehr", in: Jura 1996, S.299 - 308.

Stree, Walter; „Gefährliche Körperverletzung", in: Jura 1980, S.281 – 293.

Welzel, Hans; Das deutsche Strafrecht, 11. Auflage, Berlin, 1969.

Wessels, Johannes / Beulke, Werner / Satzger, Helmut; Strafrecht, Allgemeiner Teil, 49. Auflage, Heidelberg, 2019.

Wessels, Johannes / Hettinger, Michael; Strafrecht, Besonderer Teil / 1, 44. Auflage, Heidelberg, 2020.

Neu! Hörbuch
Definitionen für die Strafrechtsklausur
71 Minuten
ISBN 978-3-86724-010-9

Einführung in das Strafrecht BT 1
Mit Beispielen und Schemata
für den leichten Einstieg
- Vermögensdelikte -
ISBN 978-3-86724-048-2

Einführung in das Strafrecht BT 2
Mit Beispielen und Schemata
für den leichten Einstieg
- Nichtvermögensdelikte -
ISBN 978-3-86724-049-9

Definitionen für die Strafrechtsklausur
Formulierungen zum Auswendiglernen
ISBN 978-3-86724-050-5

> **▶ Unsere 📖 Skripten 📇 Karteikarten 🎧 Hörbücher**

Zivilrecht

- 📖 Standardfälle **Zivilrecht** f. Anfänger (BGB AT+Kaufrecht)
- 📖 🎧 Standardfälle **BGB AT**
- 📖 🎧 Standardfälle **Schuldrecht**
- 📖 🎧 Standardfälle **Ges. Schuldverhältn.**, §§ 677,812,823
- 📖 🎧 Standardfälle **Sachenrecht** (Mobiliar+Immobiliar)
- 📖 🎧 Standardfälle **Familien- und Erbrecht**
- 📖 🎧 Basiswissen **BGB AT** (Frage-Antwort)
- 📖 🎧 Basiswissen **Schuldrecht AT** (Frage-Antwort)
- 📖 🎧 Basiswissen **Schuldrecht BT** (Frage-Antwort)
- 📖 🎧 Basiswissen **Sachenrecht** (Frage-Antwort)
- 🎧 Basiswissen **Familienrecht** (Frage-Antwort)
- 🎧 Basiswissen **Erbrecht** (Frage-Antwort)
- 📖 Einführung in das **Bürgerliche Recht** (für Anfänger)
- 📖 Studienbuch **BGB AT**
- 📖 Studienbuch **Schuldrecht AT**
- 📖 Einführung **Schuldrecht BT 1** - §§ 437, 536, 634, 670 ff.
- 📖 Einführung **Schuldrecht BT 2** - §§ 812, 823, 765 ff.
- 📖 Einführung **Sachenrecht 1** – Mobiliarsachenrecht
- 📖 Einführung **Sachenrecht 2** – Immobiliarsachenrecht
- 📖 Einführung **Familienrecht**
- 📖 Einführung **Erbrecht**
- 📖 🎧 **Definitionen** für die Zivilrechtsklausur

Strafrecht

- 📖 Standardfälle **Band 1:** für Anfänger
- 📖 Standardfälle **Band 2:** für Fortgeschrittene
- 📖 🎧 Standardfälle **Strafrecht AT** (für Anfänger)
- 📖 🎧 Basiswissen **Strafrecht AT** (Frage-Antwort)
- 📖 🎧 Basiswissen **Strafrecht BT 1** (Frage-Antwort)
- 📖 🎧 Basiswissen **Strafrecht BT 2** (Frage-Antwort)
- 📖 Einführung **Strafrecht AT**
- 📖 Einführung **Strafrecht BT 1** – Vermögensdelikte
- 📖 Einführung **Strafrecht BT 2** – Nichtvermögensdelikte
- 📖 🎧 **Definitionen** für die Strafrechtsklausur

Öffentliches Recht

- 📖 Standardfälle **Staatsrecht 1** – Staatsorganisationsrecht
- 📖 Standardfälle **Staatsrecht 2** – Grundrechte
- 📖 🎧 Standardfälle f. **Anfänger** (StaatsorgaR u. GrundR)
- 📖 Standardfälle **Verwaltungsrecht AT**
- 📖 Standardfälle **Polizei- und Ordnungsrecht**
- 📖 Standardfälle **Baurecht**
- 📖 Standardfälle **Europarecht**
- 📖 Standardfälle **Kommunalrecht**
- 📖 🎧 Basiswissen **StaatsR 1** – StaatsorgaR (Frage-Antwort)
- 📖 🎧 Basiswissen **StaatsR 2** – Grundrechte (Frage-Antwort)
- 📖 Basiswissen **Verwaltungsrecht AT** (Frage-Antwort)
- 📖 Studienbuch **Staatsorganisationsrecht**
- 📖 Studienbuch **Grundrechte**
- 📖 Studienbuch **Verwaltungsrecht AT**
- 📖 Studienbuch **Europarecht**
- 🎧 Hörbuch Basiswissen **Europarecht**
- 📖 Studienbuch **Staatshaftungsrecht**
- 📖 **Verwaltungsrecht AT 1** – VwVfG
- 📖 **Verwaltungsrecht AT 2** – VwGO
- 📖 **Verwaltungsrecht BT 1** – Polizei und Ordnungsrecht
- 📖 **Verwaltungsrecht BT 2** – Baurecht
- 📖 **Verwaltungsrecht BT 3** – Umweltrecht
- 📖 🎧 **Definitionen** Öffentliches Recht

Sozialrecht

- 📖 Einführung **Sozialrecht**

Nebengebiete

- 📖 Standardfälle **ZPO**
- 📖 🎧 Standardfälle **Handels- & Gesellschaftsrecht**
- 📖 🎧 Standardfälle **Arbeitsrecht**
- 📖 🎧 Basiswissen **Handelsrecht** (Frage-Antwort)
- 📖 🎧 Basiswissen **Gesellschaftsrecht** (Frage-Antwort)
- 📖 🎧 Basiswissen **StPO** (Frage-Antwort)
- 📖 🎧 Basiswissen **ZPO** (Frage-Antwort)
- 📖 Einführung **Handelsrecht**
- 📖 Einführung **Gesellschaftsrecht**
- 📖 Einführung **Arbeitsrecht**
- 📖 Einführung **Kollektives Arbeitsrecht**
- 📖 Einführung **ZPO I** - Erkenntnisverfahren
- 📖 Einführung **ZPO II** - Zwangsvollstreckung
- 📖 Einführung **StPO** - Strafprozessordnung
- 📖 Einführung **IPR** - Internationales Privatrecht
- 📖 Standardfälle **IPR** - Internationales Privatrecht
- 📖 Einführung **Insolvenzrecht**
- 📖 **Gewerblicher Rechtsschutz & Urheberrecht**
- 📖 Einführung **Wettbewerbsrecht**
- 📖 Einführung **Sportrecht**

Karteikarten

- 📇 **Grundlagen des Zivilrechts**
- 📇 **BGB Allgemeiner Teil**
- 📇 **Schuldrecht BT** (§§ 433, 535, 631, 812, 823)
- 📇 **Schemata Zivilrecht** (AT, SchuldR, SachR, FamR)
- 📇 **Strafrecht AT**
- 📇 **Strafrecht BT 1**
- 📇 **Strafrecht BT 2**
- 📇 **Streitfragen Strafrecht**
- 📇 **Staatsorganisationsrecht**
- 📇 **Grundrechte**
- 📇 **Verwaltungsrecht AT**
- 📇 **Schemata Öffentliches Recht**

Die wichtigsten Schemata

- 📖 **Band 1:** Zivilrecht, Strafrecht, Öffentliches Recht
- 📖 **Band 2:** Arbeitsrecht, Handelsrecht, Gesellschaftsrecht, StPO, ZPO

Ratgeber Jurastudium

- 📖 Ratgeber **500 Spezial-Tipps für Juristen** - Wie man geschickt durchs Studium und das Examen kommt

BWL

- 📖 Einführung in die **Betriebswirtschaftslehre**
- 📖 **Organisationsgestaltung & -entwicklung**
- 📖 Fallstudien Organisationsgestaltung & -entwicklung
- 📖 **Internationales Management**
- 📖 Wie gelingt meine wiss. **Abschlussarbeit**?
- 📖 **Medienwirtschaft** für Mediengestalter

Assessorexamen

- 📖 Der **Aktenvortrag im Strafrecht**
- 📖 Der **Aktenvortrag im Zivilrecht**
- 📖 **Staatsanwalt. Sitzungsdienst & Plädoyer**

Irrtümer und Änderungen vorbehalten!

🎧 bedeutet: auch als **Hörbuch** lieferbar!

Bei **niederle-media.de** bestellte Bücher treffen idR *nach 1-2 Werktagen* ein!